決　定　版！

たった90分で人生が変わる

ワンルームマンション投資入門

改訂版

住吉秀一　Hidekazu Sumiyoshi

幻冬舎MC

決定版！　たった90分で人生が変わるワンルームマンション投資入門　改訂版

はじめに

近年、サラリーマンにとって「将来のお金」は大きな不安要素となっています。国税庁が発表した調査によると、１９９７年に４６７万円だった平均年収は徐々に減り続け、２００８年度以降は４００〜４１５万円程度で推移しています。コツコツ預貯金をしても、定期預金の金利が軒並み０・０１％ではほとんど増えません。一方で消費税は増税され、政府主導のインフレ政策が進むなど、出ていくお金は増えるばかりです。さらに年金の支給開始年齢の引き上げや減額も検討されており、定年後に向けてどうにかしてお金を準備しておかねばならないと悩む人が多いのです。

こうしたなかで、投資で資産を増やそうと投資用のアパートやマンションの購入を検討する人は少なくありません。年齢・性別を問わず、４人に１人が不動産投資に興味があるという調査結果もあります。

不動産投資が人気を集めている理由の一つは低金利です。2020年6月現在、アパートローンの金利は2％前後。自己資金が少なくてもローンを利用してレバレッジを効かせられることが不動産投資のメリットであり、金利が低ければ返済負担も軽くなります。家賃収入だけでローンを返済することがより容易になるため、低金利のときこそがチャンスととらえられているのです。

また、不動産はインフレに強いという点でも大きなメリットがあります。預貯金が増えずインフレだけが進もうとしているなかで、資産の目減りを防ぐことができるのです。

一口に不動産投資といっても、居住用のアパートから最近ではオフィスビルまでさまざまですが、投資未経験のサラリーマンにはワンルームマンションがとりわけ人気があります。地価が高騰した都心部でも価格が手ごろで比較的手を出しやすいため、資金の限られたサラリーマンには最適です。

しかしながら、誰もが簡単に資産を増やせるかというと決してそうではありません。

成否を分けるのは入居者を獲得できるかどうかですが、近年、全国の賃貸物件の空室率は平均21％にものぼり、東京都内でさえ14・5％になっています。しかも、今後は人口減少に伴って、ますます上昇していくことが予想されています（2020年5月時点、ホームズ調べ）。入居者が付かず家賃収入が得られなければ、不動産は途端に〝負〟動産に変わります。結局ローンは自腹で返すしかなく、固定資産税がかかるうえに定期的なメンテナンス費用も発生する……こうなると完全に赤字です。最終的に物件を高く売却して損失を取り戻そうとしても、よほど好立地でもない限り、入居者の付かない賃貸用物件には買い手すら付きません。

にもかかわらず多くの不動産会社はこのような「空室リスク」をきちんと説明しないまま、あるいは空室リスクはあるけれどサブリース（一括借り受け）であれば大丈夫なとど言って投資初心者を次々と説得。バラ色の不動産オーナーを夢見て、ワンルームマンションに安易に手を出す人があとを絶たないのです。

昨今は、安易に不動産投資を始める人が被害を受ける事件が頻発しています。

2018年には「かぼちゃの馬車」というブランド名のシェアハウスにおいて、サラリーマンを中心とする大家と一括借り上げ契約を結ぶ管理会社が破たんし、数百人の大家への賃料が未払いとなり世間を騒がせました。

また、2019年に入るとアパート建築・賃貸大手のレオパレス21の施工不良が発覚し、641棟・7782人の入居者が転居を余儀なくされる事態となりました。

私は投資用マンションの開発・分譲、販売仲介、賃貸管理に携わり、多くの投資家の資産形成をサポートしてきました。

そのなかで、不動産投資を始めたものの赤字に苦しんでいるというオーナーも実際に目にしてきましたが、そのようなオーナーに目立つのは「低価格・高利回り」をうたう地方一棟物の物件を買ってしまっているケースです。これこそ「計画どおりに家賃収入が得られれば」という青写真ばかりが魅力的で、あっという間に〝負〟動産に変わる物件の代表格です。

賃貸需要の少ない地方で、何戸もの満室経営を続けるには専門的な知識と対策が必要です。初心者が放っておいて儲かる物件などほとんどなく、しかも不動産会社も安く仕入れた物件をまた売って手数料を儲けているに過ぎません。

では投資未経験のサラリーマンでも堅実に家賃収入を得るにはどうすればいいのか。長く投資用不動産の販売と管理に携わってきた経験からたどり着いた答えは、手の届く価格帯で高い入居率が見込める、好立地なワンルームマンションを買う以外にないということです。

空室リスクが高まるなかでなにより重要なのは、まず1戸の満室経営を続けること。それに成功したあとにこそ、物件の買い増しや投資規模の拡大を図ることができます。

そこで本書では、ワンルームマンション投資の普遍的な入門書として

・基本知識編
・物件選び編

・物件購入編
・資金調達編
・管理編
・売却編
・税金編

という7つの章で、不動産投資で成功するために必要な知識をもれなく紹介していきます。また、実際に投資を始めた人たちの事例をコラムとしてまとめました。

不動産投資の入門書は数多く出版されていますが、知識ゼロ・経験ゼロの未経験者がイチから学ぶには情報量に不足があったり、特定のケースでしか通用しない特殊なノウハウに偏っているものも少なくありません。しかし本書はワンルームマンション投資の基礎を分かりやすく解説することに終始し、たった90分で不動産投資の業界知識や仕組みを網羅的に学ぶことができます。

この知識を土台として応用し、どんどん投資の幅を広げていくことも可能です。本書を読んだ90分が、その後の人生を変えると言っても過言ではありません。ぜひ不動産投資のバイブルとして長く活用していただければ幸いです。

【目次】

第2章 〈物件選び編〉ワンルームマンションがサラリーマンには最適！ 失敗しない物件選びのポイント

第3章 〈物件購入編〉信頼できる不動産会社を見極め、物件を素早く適正価格で手に入れる方法

第4章 〈資金調達編〉好条件で借りやすい金融機関は？ 不動産会社の紹介で長期・低金利の融資を引き出す秘訣

第5章 〈管理編〉入居者募集からトラブル対応まで。手間とコストを最少化する物件管理のコツ

第6章〈売却編〉売却のタイミングがポイント。築年数の経過した物件を高値で売る極意

第7章 〈税金編〉手残りを最大限に確保する税金・節税の知識

免責事項

本書に記載された情報に関しては万全を期していますが、内容を保証するものではありません。また、本書の内容は著者の個人的な見解を解説したものであり、著者が所属する機関、組織、グループ等の意見を反映したものではありません。本書の情報を利用した結果による損害、損失についても、出版社、著者並びに本書制作関係者は一切の責任を負いません。投資のご判断はご自身の責任でお願いいたします。

第1章

〈基本知識編〉

レバレッジ効果と安定性。
ワンルームマンション投資の仕組みとメリット

そもそも不動産投資ってなに？

物件を貸したり売ったりして利益を得る

持っているアパートなどを貸して家賃を受け取る――不動産収入は、働かなくても収入が得られる夢のような所得といえます。

以前は、もともと広い土地を持っている地主などに限られていましたが、ワンルームマンションが登場すると、ビジネスパーソンにもチャンスがもたらされました。土地を持つ地主でなくとも賃貸用不動産を所有して、家賃収入を得られるようになったのです。

ワンルームマンションは価格が手ごろであることが多く、ビジネスパーソンの収入でも自宅以外に持つ不動産として購入することができます。しかも、一棟アパートなどにはない大きなメリットがあります。それは、不動産を持つ場所を限定されないことです。地主が一棟アパートなどを建築する場合、保有する土地が限られ、場所によっては借り手が見つからない可能性もあります。

その点ワンルームマンションは、基本的には賃貸需要がある場所に建築されているうえ、異なるエリアで複数の物件を所有することで、リスク分散を図ることができます。より稼げる不動産を見極めて収入が期待できるようになったのです。

不動産投資は、土地を所有していない人でも物件を購入でき、これを賃貸に出すことによって収入が得られる手段なのです。

ただし、不動産を持てば誰でも簡単に収入が得られるわけではありません。投資であるからには、知識が必要です。たとえば購入する物件の価格は適正か、想定している家賃に無理はないか、税金はどうなっているのかといった判断が必要になってきます。

近年はキャピタルゲインよりインカムゲイン重視

　ここで不動産投資によって得られる利益について整理をしておきましょう。不動産投資というと、家賃収入（インカムゲイン）を思い浮かべる人が多いでしょうが、利益はそれだけではありません。家賃収入を給料とすれば、退職金もあります。不動産投資の退職金は、売却益です。これは不動産を購入したのちに不動産の価格が上昇し、売却したときに得られる利益、キャピタルゲインともいいます。

　１９８０年代後半のバブル期には、不動産価格もどんどん上がっていき、買ってしばらく待っているだけでキャピタルゲインが得られました。最近は、簡単にキャピタルゲインを得ることができるというわけではありませんが、まったく期待できないというわけでもありません。

　とくに首都圏では中古マンションの価格が２０１２年以降、上昇に転じています。ある調査では、中古マンション（築10年）の坪単価が２０１２年から２０１８年までに

1・3倍にもなっています。

ちなみに坪単価というのは、マンションの1坪あたりの価格です。1坪は3・3㎡に相当しますから、25㎡のワンルームマンションは25÷3・3で約7・5坪となります。このワンルームマンションの価格が2600万円であれば、2600÷7・5で坪単価は346万円です。

マンションは物件によって専有面積が異なるため、単純に価格の比較ができません。そこで坪単価を利用して価格を見極めるのが一般的です。

ただし、ワンルームやコンパクトマンションは狭いところにキッチンや風呂などがすべて詰まっているため、ファミリーマンションよりも坪単価が高くなります。また、富裕層向けの物件も坪単価が高くなる傾向があるので、物件の種類ごとに比較するようにしましょう。

不動産価格は景気に連動するという特徴があります。日本はバブル崩壊後、デフレが続きました。デフレは物価が徐々に下がっていく状態ですが、デフレになると不動産価格も下がります。

その理由は不動産が現物資産だからです。つまり〝モノ〟の一種ですから物価の影響を受けるのです。

今はどうでしょうか。インフレとはいえませんがデフレは脱しつつある、あるいは物価が少し上昇し始めている状態といえるでしょう。すぐにインフレになることはないとしても、この先、物価が徐々に上がっていき、長い目で見ればインフレのタイミングもあるはずです。

インフレになれば不動産価格も上昇するので、キャピタルゲインを得られるタイミングが訪れる可能性もあります。

とはいえ、不動産投資で最初からキャピタルゲインを狙うのは本筋とはいえません。キャピタルゲインを狙うことは、株式投資やＦＸなどの不安定な投資と変わらないからです。

なんといっても不動産投資の醍醐味は毎月決まった額の家賃収入があることです。

家賃収入は金融危機などにも左右されません。２００８年のリーマン・ショックや２０１５年のチャイナ・ショックの際には株式相場は大きく値下がりしました。そんなときも家賃相場はほとんど変化しませんでした。このようなことが、不動産投資は安定収入を見込めるといわれるゆえんです。

インカムゲインこそ、不動産投資における最大の利益なのです。

現在の不動産市場

ただ不動産投資はあくまでも投資ですから、しっかりとした投資戦略を持っていなければなりません。そのためには、市場動向を把握しておく必要があります。

現在の不動産市場を一言で表現すれば、二極化状態にあります。地域によって値下がりしているところもあれば、値上がりし続けているところもあるのです。なぜこのような状況が起こるのでしょうか。

不動産相場を大きく左右する要素の一つが地価です。地価は不動産価格に大きく影響

都道府県別の公示地価

都道府県	住宅地 2019年 変動率（%）	住宅地 2020年 変動率（%）	住宅地 2020年 地点数
全　国	0.6	0.8	18,166
北海道	0.7	2.2	940
青　森	△0.5	△0.4	180
岩　手	△0.4	△0.1	124
宮　城	3.5	3.5	409
秋　田	△1.3	△0.9	132
山　形	△0.1	0.1	127
福　島	1.0	0.4	318
茨　城	△0.5	△0.5	530
栃　木	△0.7	△0.8	349
群　馬	△0.6	△0.6	264
埼　玉	0.7	1.0	1,025
千　葉	0.6	0.7	963
東　京	2.9	2.8	1,684
神奈川	0.3	0.3	1,321
新　潟	△0.8	△0.6	306
富　山	△0.1	0.0	152
石　川	0.4	1.7	154
福　井	△1.1	△1.1	86
山　梨	△1.0	△0.8	109
長　野	△0.2	△0.1	212
岐　阜	△0.7	△0.8	253
静　岡	△0.7	△0.7	466
愛　知	1.2	1.1	1,296
三　重	△1.0	△0.7	291

都道府県	住宅地 2019年 変動率（%）	住宅地 2020年 変動率（%）	住宅地 2020年 地点数
滋　賀	△0.6	△0.8	239
京　都	0.8	0.7	448
大　阪	0.2	0.4	1,231
兵　庫	△0.2	△0.1	885
奈　良	△0.5	△0.6	315
和歌山	△1.3	△1.2	110
鳥　取	△0.8	△0.6	88
島　根	△0.8	△0.5	92
岡　山	△0.6	0.0	277
広　島	0.9	1.3	446
山　口	0.1	0.3	189
徳　島	△0.3	△0.2	103
香　川	△0.1	0.0	112
愛　媛	△1.0	△0.8	161
高　知	△0.6	△0.5	97
福　岡	2.6	3.5	637
佐　賀	0.3	0.6	91
長　崎	0.0	0.2	172
熊　本	1.0	1.1	162
大　分	0.8	1.3	149
宮　崎	△0.3	△0.2	153
鹿児島	△1.0	△0.9	193
沖　縄	8.5	9.5	125

出典）国土交通省
「令和2年地価公示」

し、とくに地価の高い都市部地域ほど、その傾向が強くなります。

国土交通省が毎年、土地取引や土地の評価基準となる公示地価を公表していますが、2020年の公示地価を見ると、その差は歴然としています。

たとえば、東京、埼玉、千葉、神奈川の公示地価は2019年、2020年ともに前年比で上昇していますが、他の多くの道府県では下落しています。

また、地方のなかでも二極化が起きています。たとえば、沖縄は2年連続で大幅に上昇していますが、他の地域ではほとんど下落しています。不動産投資は、どの地域で物件を購入するかによって損得が大きく分かれるのです。

実際に投資している人とは

ビジネスパーソンでも挑戦できるようになった不動産投資ですが、少し前までは医師や経営者などの高所得者が中心でした。不動産投資の物件購入にあたり、金融機関の不動産ローンを利用することが多く、相当の所得がないと融資を受けることができなかったからです。

ところが最近では、年収５００万円程度のビジネスパーソンでもローンを組むことができるようになりました。理由の一つが金利低下です。

不動産投資用のローン審査では返済能力が大きなポイントになります。金利が高ければ利息負担は大きくなり返済額も高額に、逆に金利が低くなれば返済額は低額になります。つまり同じ価格の物件を購入する場合でも、金利の低いほうが返済額は少なくてすむのです。家賃収入とローンの支払いがそれほど変わらないため、少ない持ち出しでも物件を所有することができます。

たとえば、２６００万円の物件を頭金なしで購入し、35年返済ローンを利用する場合、金利が６％だと毎月の返済額は約15万円ですが、金利が３％になると返済額は約10万円程度ですみ、金利差が大きな負担になって表れます。結果、年収５００万円程度のビジネスパーソンでも融資を受けることが可能となり、不動産投資に関心を持つようになっています。

投資用物件保有者の属性

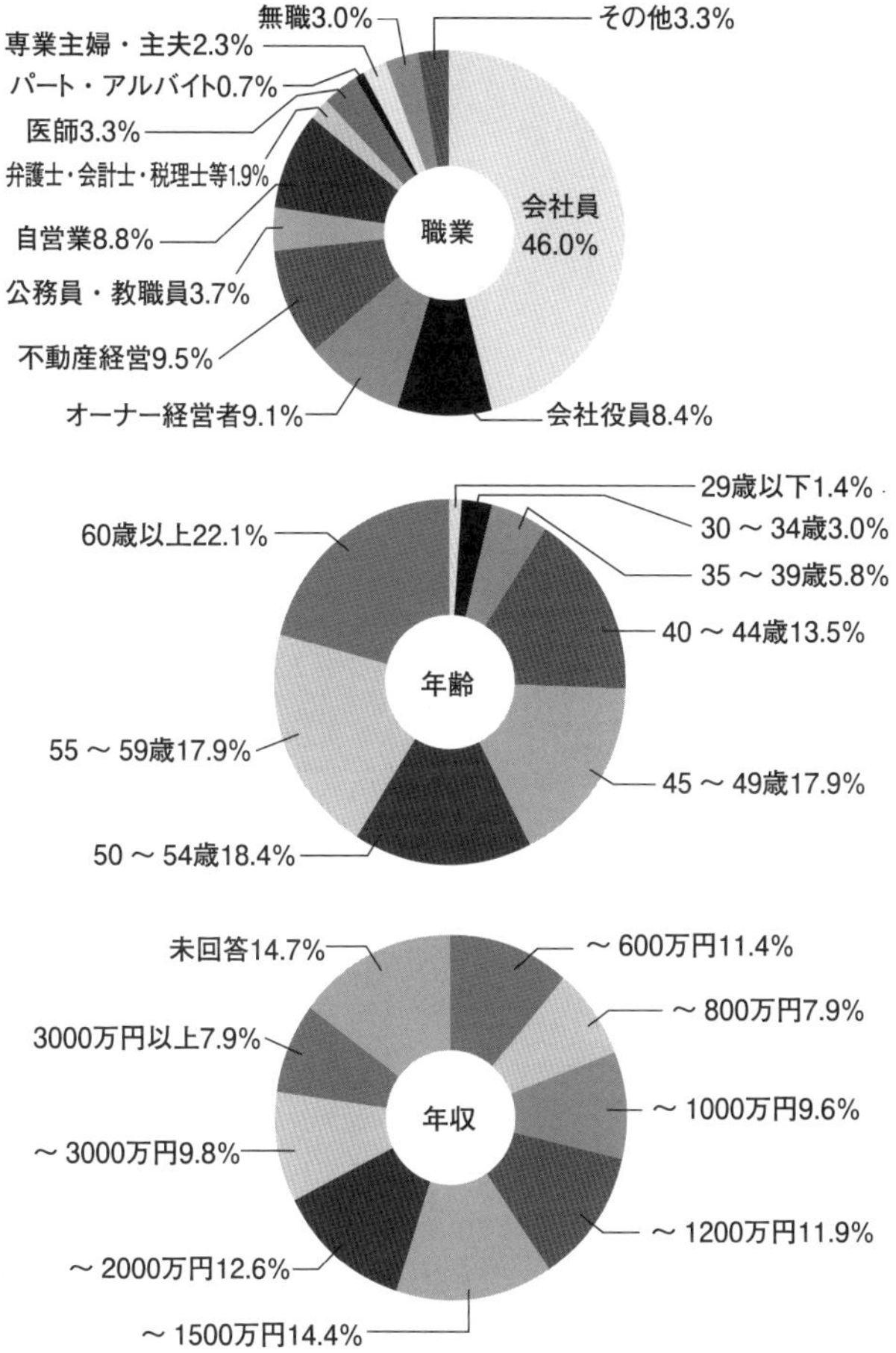

出典）ノムコム・プロ「第10回不動産投資に関する意識調査」（2018）

もう一つの理由は、不動産投資のリスクが低くなってきたからでしょう。バブルのころに比べて物件は安くなりましたが、家賃はほとんど下がっていません。また、投資用物件の立地が良くなり、空室になる可能性も軽減されているため、サラリーマンでも気軽に投資用不動産を持てるようになったのです。

実際に不動産投資サイト「ノムコム・プロ」の「第10回不動産投資に関する意識調査」によると、現在、投資用物件を所有している人の約半数がビジネスパーソンです。年齢や年収の幅も広がっています。

このことから不動産投資が年齢や収入を問わず、幅広い層に受け入れられている魅力的な資産運用手段であることが分かります。

物件価値の評価方法

物件の価値を評価する方法は、金融機関によって異なります。物件評価の方法には大きく分けて「積算評価」と「収益還元法」の二つがあります。

「積算評価」は、担保価値から融資額を決める方法です。担保評価は不動産の評価額のことで、ローンが返済できなくなったとき、金融機関は担保物件を処分して融資資金を回収するのです。金融機関は不動産の時価を計算し、そこから一定割合を差し引いて担保評価額を算定します。

一方、「収益還元法」は、物件の収益力を判断する方法です。融資対象の物件からどの程度の家賃収入が得られるかを判断し、その家賃から返済能力を見極め、融資金額を設定します。

第4章でも解説しますが、金融機関がどちらの評価方法を採用しているかによって、融資の可否が異なります。一般的には、「収益還元法」を採用している金融機関のほうが融資を受けやすく、融資額も大きく出る傾向にあります。

不動産投資のメリット

「私設年金」代わりになる

長期安定収入が期待できるということは、将来の生活不安を解消することにもつながります。最近は公的年金が当てにできないだけでなく、会社の退職金も危うくなるともいわれています。そもそも皆さんは自分の年金受給額がいくらくらいになるのかご存じでしょうか。簡単に分かる方法としては、毎年誕生月に日本年金機構から届く「ねんきん定期便」（はがき）の確認があります。

たとえば、50歳未満の人は、はがきの左下のところにある「これまでの加入実績に応じた年金額」を確認します。

ねんきん定期便（50歳未満）

これは、これまで支払った国民年金と厚生年金の保険料から試算した受給額（年額）です。おそらくほとんどの人は、あまりの少なさに驚くでしょう。

参考までに、大学卒業後に就職し、38年間働いて60歳で退職したサラリーマンが月々いくら受給できるのか、退職時の年収ごとに試算しました。

年収５００万円：月々15万５９６０円
年収８００万円：18万２２６７円
年収２０００万円：19万７６１２円

年収５００万円あった人が、老後に月々15万５９６０円で生活できるでしょうか。あまりにも少なすぎます。

また、年収５００万円の人でも高収入の年収２０００万円の人でも、受給する額にそれほど差はありません。現役時代が高収入だからといって、まったく安心はできないのです。つまり、現役時代に資産形成をしておかなければ、老後に破たんしかねないといえます。

そこで現役時代にワンルームマンションを購入したとします。たとえば、30歳のときに頭金ゼロでほぼ全額ローンを組みます。それでも、低金利なら家賃でほぼローン返済ができるので、持ち出しがあったとしても気にするほどの金額にはなりません。

仮に35年返済でローンを利用すると、65歳の時点で完済できる計算です。最近は会社を定年したのちも働ける環境が整いつつありますが、確実とはいえません。仮に再雇用されても、現役時代と比べると給与の額が大幅に下がるのが一般的です。

「節税効果」がある

ビジネスパーソンの場合、節税をしたくてもその方法は限られています。医療費控除や住宅ローン控除はありますが、常に利用できるわけではありません。その点、不動産投資による節税は計画的に利用できる唯一の方法といってもいいでしょう。

不動産投資の収支が赤字になると、マイナス分を給与所得と相殺することができるからです。相殺できるのはローンの利子、管理経費、減価償却費などで、減価償却費とは建物が老朽化する分を価値の減少として経費にできるものです。

たとえば、給与所得１０００万円の人が不動産投資の２００万円の赤字を相殺すると、所得は差し引き８００万円として税金を計算できます。

所得税の税率は所得が高い人ほど高い税率が適用される仕組みになっていますから、所得が高い人ほど節税効果も高くなります。

相殺する赤字が２００万円の場合で大雑把に計算すると、10％の所得税率が適用され

不動産投資の節税の仕組み

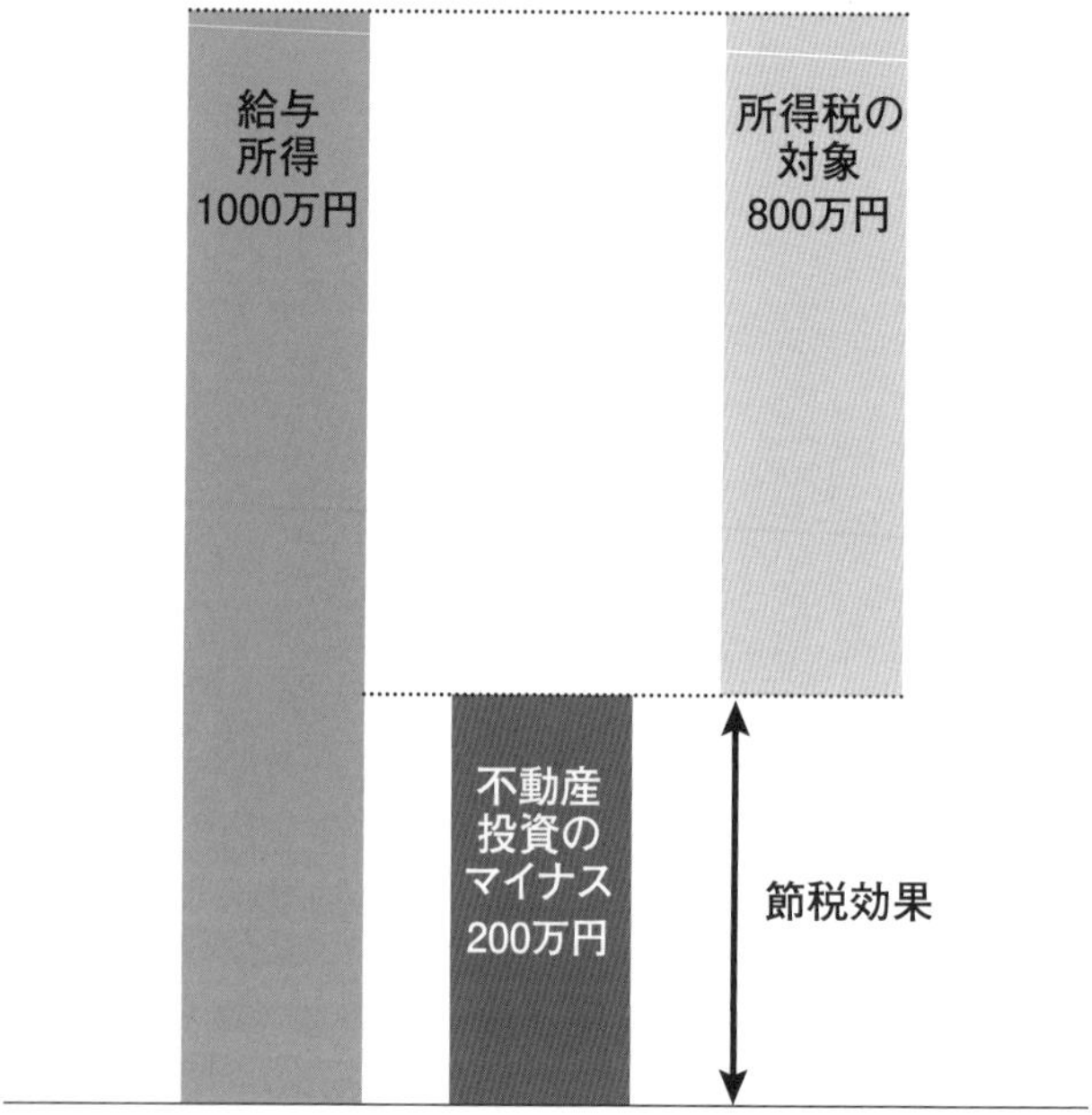

る人の節税額は20万円ですが、20%の所得税率が適用される人は40万円になります。さらに所得税だけではなく住民税を減らす効果もあります。

「生命保険」代わりになる

ローンを利用している間は不動産投資が生命保険代わりになるというメリットもあります。

一般的に住宅ローンを組むと団体信用生命保険に加入することになります。これは、ローン返済者に万が一のことがあった場合に保険会社が返済を肩代わりしてくれる、という保障が付くものです。もしものときにはローンの完済された不動産が遺族に残り、遺族は不動産収入をその後の生活に利用することができます。つまり、不動産価格と同じ生命保険に加入していたのと同じ効果が得られるのです。すでに生命保険に加入している場合には、不動産価格分の保障を減らし、保険料負担を減らすこともできます。

また生命保険の場合、支払った保険料はほとんど掛け捨てになってしまいます。しかし、不動産投資で生命保険と同様の効果を確保すれば掛け捨てにはなりません。いずれローンの支払いが終われば、不動産という資産が手元に残ります。

10年満期の定期生命保険の自動更新イメージ

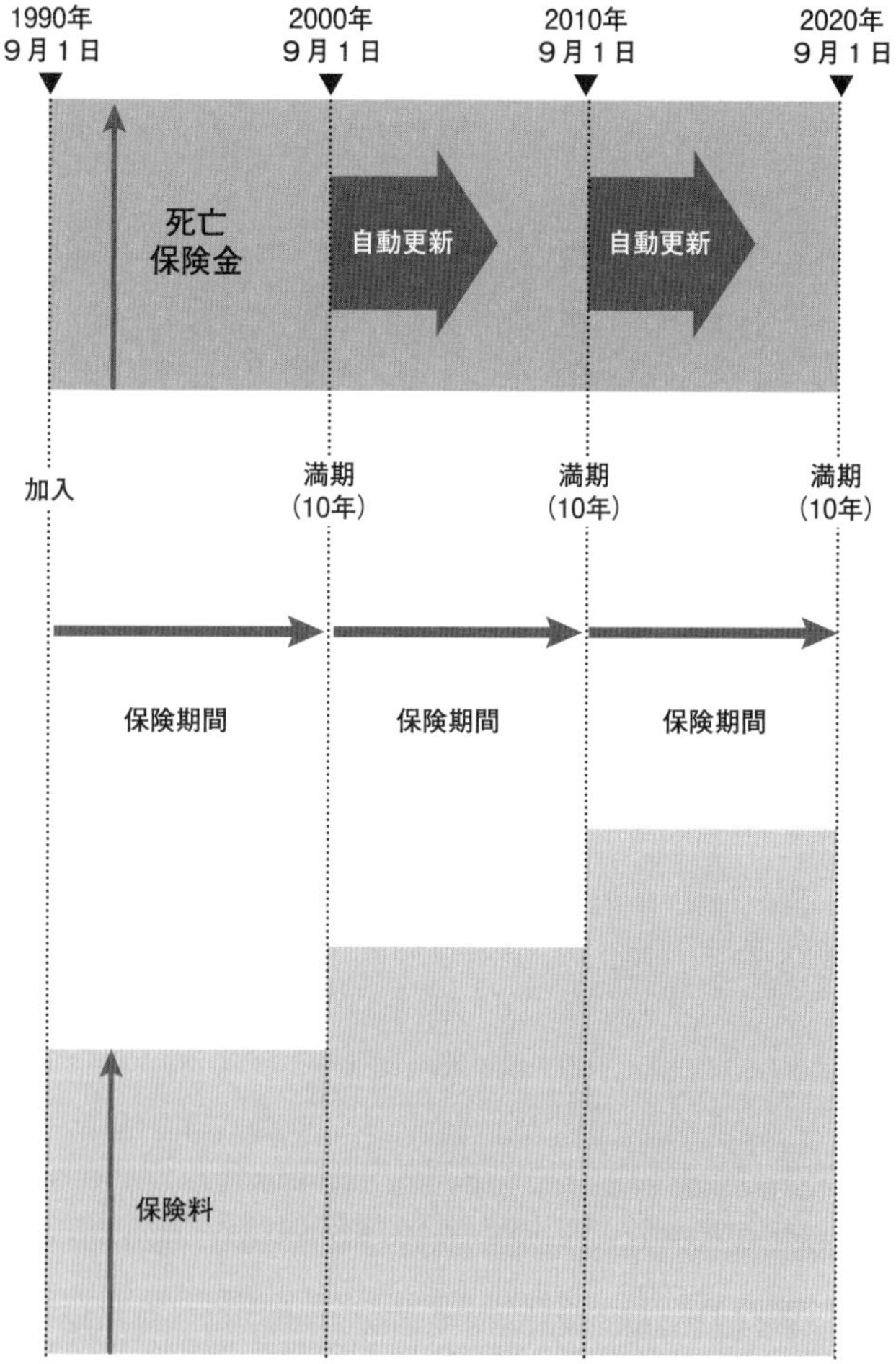

このように考えると、不動産投資をするのであれば、できるだけ早く始めたほうがいいことが分かります。定年退職までにローンを完済して、その後の賃貸収入を年金代わりに活用するためにも、早いうちにローンを組んだほうが毎月の負担が減り、その分を生活に回すことができます。

生命保険の観点からも、若いうちに購入するのが有利です。早くから不動産投資を生命保険代わりに利用すれば、その分の保険料を節約することができます。

長期安定収入が期待できる

以前、毎月分配型の投資信託が人気になりました。購入すると毎月一定の分配金が受け取れるという仕組みです。しかし落とし穴がありました。分配金を受け取ると、元本が減ってしまう商品が少なくなかったのです。たとえば、100万円で購入した投資信託から毎月1000円の分配金を受け取ることができれば、年間で合計資産は101万2000円です。利回りを計算すると1万2000円÷100万円となり、1・2％です。低金利の今、安定的に1・2%の利回りが得られるとなれば、とても魅力的な投資商品といえます。

ところが、1万2000円の分配金を受け取る代わりに元本が98万8000円に減ってしまったらどうでしょうか。まったく運用効果はないということになります。預金口座からお金を引き出すように自分のお金を返してもらったのと同じです。

実は毎月分配型の投資信託では、これと同じようなことが多く起こっていたのです。そもそも投資信託は、株式や債券など価格が変動するものに投資をしてリターンを狙う商品です。にもかかわらず、毎月一定の分配金を出すこと自体に無理があります。

こう考えると、投資でありながら長期で安定収入が期待できるのは、不動産投資以外に見当たりません。これは家賃が収益源になっているからです。改めて家賃の特徴を考えてみると次のようになります。

〈家賃の特徴〉
・毎月支払われる
・相場が急に変動することはない
・相場は物価に連動する

このような特徴を持つ家賃を収益源にしているため、安定収入が確保できるのです。しかも家賃は物価に連動しています。将来インフレになれば、家賃もそれに合わせて上がるので、目減りすることがないのです。

現物資産である

不動産投資には他の投資商品にはない数多くのメリットがあります。ここでそのメリットを確認しておきましょう。

メリットの一つは現物資産であることです。投資商品には大きく分けて「ペーパー資産」と「現物資産」があります。たとえば株式や債券などはペーパー資産です。これは文字どおり、投資の証明として投資家に届けられる紙（ペーパー）からそう呼ばれています。最も、最近は株券が電子化されて紙の株券を手にすることはなくなりましたが……。一方で金や不動産など、形のある資産を現物資産と呼びます。ペーパー資産と現物資産の最も大きな違いは、価値がゼロになる可能性があるかどうかです。

たとえば、株式を発行した会社が倒産した場合に、投資家の株券は、価値のない紙くずになる可能性があります。債券も同じです。発行した国や会社が破たんすれば、利子を受け取ることができないのはもちろん、元本が戻ってこないこともあります。「債券はリスクが低い」という話を聞いたことがあるかもしれませんが、場合によっては元本の投資資金がゼロになってしまう可能性もあるのです。

では現物資産である金の価値はどうでしょうか。いきなりゼロになることは、おそらくないでしょう。

「有事の金」という言葉があります。これは、世界経済を揺るがすような出来事、たとえば戦争などが起きたときには金が買われるというものです。戦争が起きると、株式や債券はもとより、通貨でさえ、価値が大きく下がってしまうことがあります。そんなときでも金の価格は比較的安定していることから、有事の際には多くの投資家が金を購入するのです。

不動産の場合、もちろん価格の変動はありますが、金と同様、急に価値がゼロになることはありません。災害により大幅に価値が下がる可能性はありますが、複数の不動産を各地に所有することによって、災害リスクなどを分散することもできます。

借り入れでレバレッジ効果が得られる

このところ、世界中で格差が拡大しているといわれています。お金持ちはますますお金持ちになり、貧しい人はますます貧しく……。なぜ格差が拡大するのかといえば、もともとの資産が多ければ多いほど、投資で大きなリターンが得やすいからです。

単純計算ですが、１億円を持っている人が年利１％で運用すると、毎年１００万円の利息を受け取ることができます。5億円なら500万円。ぜいたくをしなければ、利息だけで暮らすことができそうです。

一方で、100万円しか持っていない人はどうでしょうか。年利1％で運用しても利息は年間1万円です。1万円以上のものを買おうと思えば、元本を取り崩すしかありません。元本を取り崩せば、1年間に受け取ることができる利息はさらに減ってしまいます。

このように、元手をたくさん持っていればいるほど、お金を増やすチャンスが広がるのです。

「そんなことといっても元手がないのだからどうにもできないじゃないか！」

多くの人はそう思うかもしれません。たしかにそのとおりですが、元手をつくる方法が一つだけあります。それが不動産投資です。

不動産投資はローンを利用できるため、これが元手になるのです。ローンが利用できる投資商品はほかにはありません。

仮に不動産投資で2600万円の物件を購入する場合、そのほとんどの部分をローンで賄うことができます。場合によっては自己資金ゼロでも可能です。つまり、元手ゼロの人でも２６００万円の自己資金がある場合と同じ投資効果が期待できるのです。

さらにローンの返済は家賃という形で入居者が負担してくれるため、わずかな持ち出しで収入が得られるのです。

株の信用取引やＦＸなどはレバレッジを利用することができますが、不動産投資のように借りたお金を誰かが返してくれるわけではありません。

このようなことから、潤沢な元手がないごく普通のビジネスパーソンでも、お金持ちに近づくことができるのが不動産投資なのです。

不動産投資のリスク

空室リスク

リスクとリターンは投資商品によって変わります。基本的にリスクの高いものは高いリターンが期待できますし、リスクの低いものはリターンも低くなります。そのなかで不動産投資はローリスク・ミドルリターンに分類できます。

また、リスクの種類も投資商品によって異なります。不動産投資の場合には、空室リスク、家賃滞納リスク、金利上昇リスク、物件価格の値下がりリスク、流動性リスク、地震・火事などの災害リスク、住民トラブルなどのリスクがあります。

これらのリスクはゼロにはできませんが、中身を十分に理解しておくことで軽減する

投資商品のリスク・リターンの関係

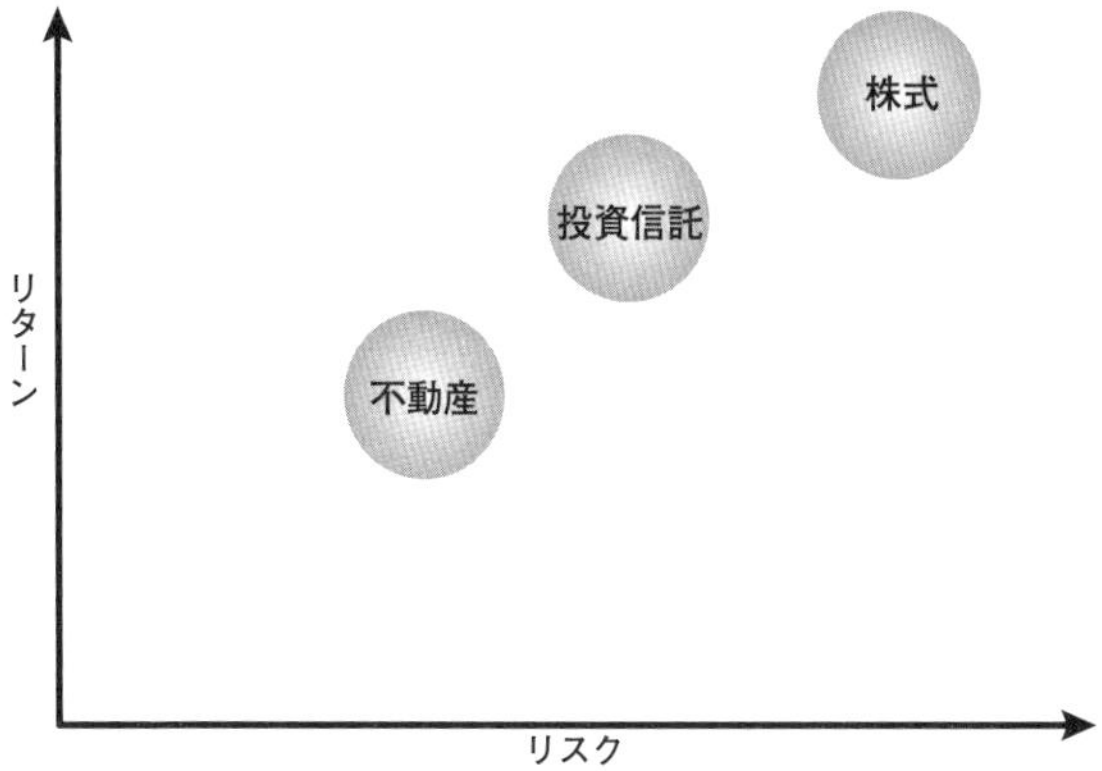

ことができます。

不動産投資では不動産を貸して家賃収入を得ます。借りてくれる人がいなければ家賃収入は得られません。つまり、空室は不動産投資で最も注意しなければならないリスクといえます。

自己資金で購入したのであれば傷は浅くてすみますが、多くの場合ローンで購入するため、入居者がいなければ家賃でローン返済を賄うという資金計画が大きく狂ってしまいます。

仮にローン返済が毎月８万円であれば、全額が持ち出しになります。さらに管理費や修繕積立金の負担もあるため、毎月10万円程度の負担が生じます。これでは家計が破たんしかねません。

このような事態にならないよう空室リスクを抑える方法はいくつかありますが、最も大事なのは、そもそも空室にならないような優良物件を購入することです。

優良物件の第1の条件は立地です。とくにワンルームマンションの場合、独身者がターゲットであり、利便性の優先度が高くなります。

優良物件第2の条件は、しっかりとした管理会社を選ぶことです。新築のときにはほぼ同等のマンションでも、管理の良し悪しによって10年後、20年後には物件に大きな差が生じます。

管理が悪く劣化の激しい物件は空室になるリスクが高くなる一方、築年数は古くても管理の行き届いた物件は、いつまでも人気が高く入居者も絶えません。

管理の良し悪しは管理会社によって左右されますが、ワンルームマンションの場合は、分譲会社の関連会社が管理するケースが多いので、信頼できる分譲会社を選ぶことが良い管理会社を選ぶことにつながります。

また、入居者の募集も管理会社に委託するケースが多いので、管理会社の営業力が空室リスクを左右することになります。

さらに、所有物件を増やして空室リスクを低くすることもできます。所有物件が1室であれば、その部屋の入居者がいなくなると空室率は一気に０％から１００％に上がってしまいます。ところが10室を保有していれば、そのうちの1室が空室になったとしても空室率は10％です。

人気物件でも空室率を常に０％にすることは難しいことです。入居者の入れ替えの際にはどうしても空白期間ができてしまうからです。そういう意味でも複数の物件を保有したほうが、より安定した収益を確保することができます。

優良物件の探し方は、第2章で詳しく紹介します。

入居者関係のリスク

「入居者がいるのに家賃を払ってくれない」滞納リスク。単なる空室であれば、多少の広告費を使って募集をしたり、リフォームしてより魅力的な物件にしたりといった努力をすることはできます。

しかし、滞納の場合に入居者を追い出すことは容易ではありません。ある意味、空室リスクよりも滞納リスクのほうが対処は難しいといえます。

家賃が滞納された場合、まずは本人に督促の連絡を入れたり、書面で請求したりします。それでも支払いがなければ、連帯保証人に連絡をします。

大家であるとはいえ、ごく普通のビジネスパーソンが滞納者に督促するのは簡単ではありません。経験もなく、時間を割くのも難しいでしょう。

入居者に関係するリスクという意味では、住人同士のトラブルや犯罪などのリスクもあります。あるいは自殺する人もいるかもしれませんし、入居者が高齢の場合には孤独死の可能性もあります。

こうした入居者関係のリスクを低くするために大切なのは、入居者の審査を厳しくすることです。勤務先や年収、引っ越しの理由などをしっかりと確認する必要があります。入居者を差別するようですが、他の入居者への迷惑を避け、なによりもビジネスとして、オーナーは収益を安定化させることが重要です。

ただし、事件のあった物件は、それ以降に入居者が入りづらくなるものの、家賃を相場より少し下げることで入居は付きます。

家賃の集金にしても、入居者の審査にしても、管理会社に委託するのが一般的です。多少のコストがかかったとしても、経験豊富な管理会社を選び、プロに任せるほうが圧倒的に安心です。

金利上昇リスク

日本は低金利の時期が長く続いています。２０１６年1月には日銀がマイナス金利政策を導入し、住宅ローンの金利も史上最低水準を更新しました。

低金利が長く続くと、金利が上昇することなど考えられないかもしれませんが、かつては変動型の住宅ローン金利が8％を超えていた時期もありました。

不動産投資向けのローンは一般的に住宅ローンの金利よりも高く設定されるので、さらに高金利になる可能性があるのです。

金利の上昇は返済額の負担増に直結します。表（58ページ）は、1000万円のローンを組んだ場合の毎月の返済額と総返済額を試算したものです。金利と返済期間を変化させてシミュレーションしています。

変動金利型のローンを利用すると、金利が上昇したときには、返済中のローンの金利もアップします。たとえば、返済期間20年で利用した場合、金利が1％であれば毎月の返済額は4万6000円ですが、金利が5％まで上昇すると6万6000円になります。約43％の増加です。20年間の総返済額で比較すると500万円近く増えてしまいます。

また返済期間が長いほど、その影響は大きくなります。

民間金融機関の住宅ローン金利推移

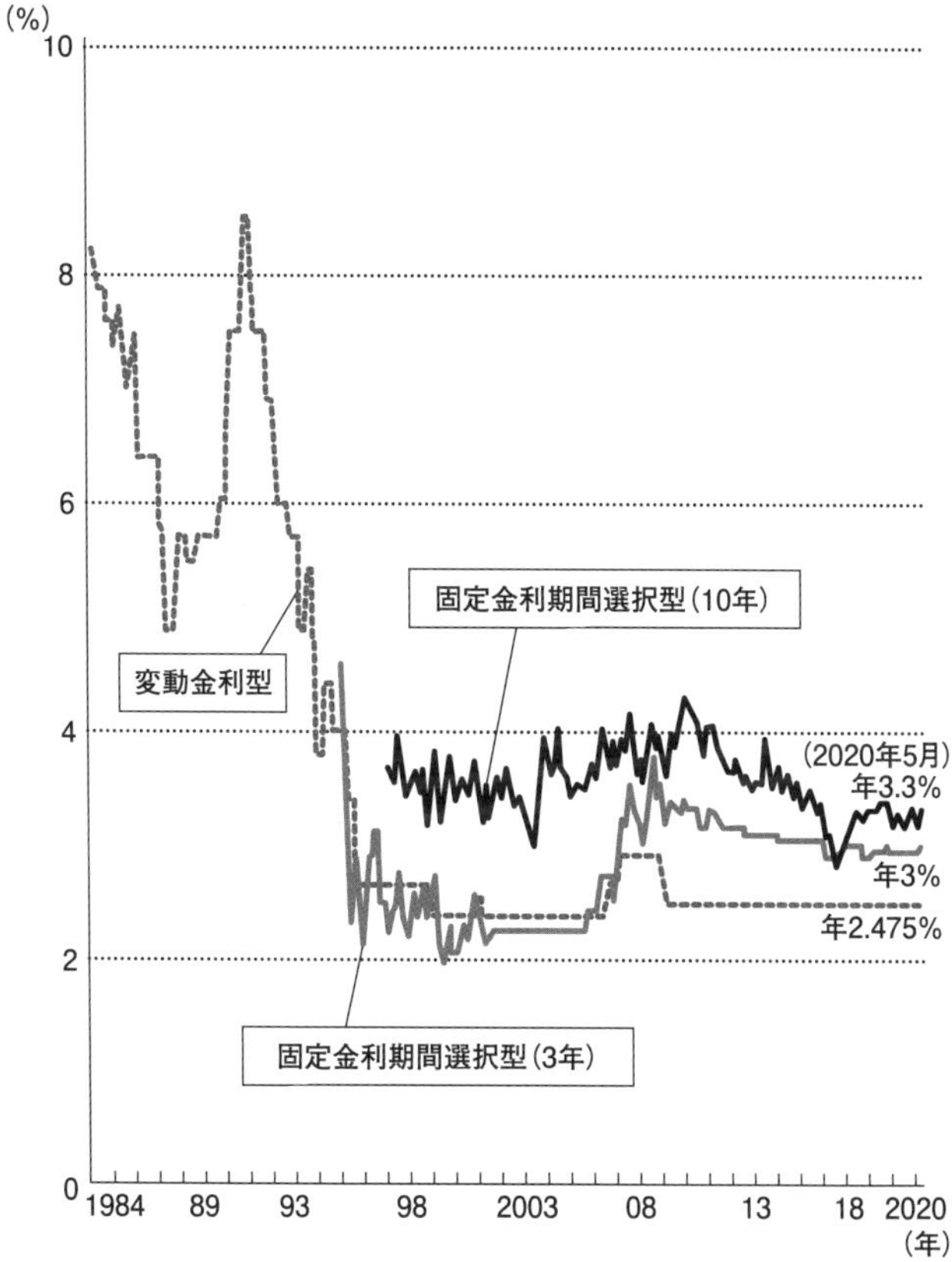

出典）住宅金融支援機構
備考）主要都市銀行のHP等により集計した金利（中央値）を掲載。なお、変動金利は1984年以降、固定金利期間選択型（3年）の金利は1995年以降、固定金利期間選択型（10年）の金利は1997年以降のデータを掲載

金利の違いによるローン返済額の変化

（単位：円）

金利	返済期間					
	10年		20年		30年	
	毎月の返済額	総返済額	毎月の返済額	総返済額	毎月の返済額	総返済額
1%	8万7600	約1051万	4万6000	約1104万	3万2000	約1152万
3%	9万6600	約1159万	5万5000	約1320万	4万2000	約1512万
5%	10万6000	約1272万	6万6000	約1584万	5万4000	約1944万

備考）1000万円のローンを組んだ場合

返済期間30年の場合を見ると、金利が1％なら毎月の返済額は3万2000円ですが、金利が5％になると5万4000円と、約69％の上昇です。

そして金利が上昇すれば、投資利回りを大きく引き下げることにつながります。

ただし、そのようなリスクを回避するために、多くの金融機関では金利の見直しは年2回ですが、返済額は5年間一定としており、返済額の上昇は1・2倍を限度としています。したがって、元金の減りが鈍くなるというデメリットはあるものの、金利が上昇しても返済額が増えないのです。

金利上昇リスクを回避するためには、固定金利のローンを利用するという方法もあります。固定金利であれば、将来、金利が上昇しても返済額は変わりませんので、収支計画が狂う心配はありません。

ただし、固定金利型ローンは返済額が高くなることがほとんどです。そもそも金利が上昇して物価が下がるということはありませんから、変動金利型でよいでしょう。

値下がりリスク

不動産投資は、キャピタルゲイン（売却益）よりもインカムゲイン（家賃収入）を主な収益源にしていますので、不動産価格の値下がりが収支を大きく悪化させることはありません。

とはいえ、値下がりする物件に投資をするより、値上がりを見込める物件に投資をしたほうがもちろん有利です。物件が値上がりしていれば、まとまった資金が必要になったときに売却して資金を確保することも可能です。

値下がりリスクの低い物件に投資をするためには、購入時の選定が重要です。具体的な選定方法については第2章で詳しく紹介します。

なお、物件が値下がりしてしまっても心配する必要はありません。物件を売却する方法については第6章で解説します。

災害リスク

地震・火事などの災害リスクも不動産の価値を大きく左右します。不動産はその名のとおり、動かすことができない財産です。人であれば災害に遭う前に避難することもできますが不動産にはそれができません。

とくに地震大国である日本は、どの場所でも地震リスクがあります。阪神・淡路大震災や東日本大震災はまだ記憶に新しいところでしょう。災害を回避することはできませんが、災害に遭っても被害を受けない物件を購入することは可能です。

そのため、震災を経て住宅の耐震構造に注目が集まっています。どの程度の耐震性があるかは、築年数によって大きく変わります。建築基準法の耐震基準が変わっているからです。

建築基準法は１９８１年に大改正が行われ、耐震基準も大きく見直されました。一般的に建築基準法が改正された１９８１年以降に建築された物件であれば、ひとまずは安心だといわれています。

新築の物件であればもちろん安心ですが、中古物件を購入する際は、築年数をチェックすることが重要です。

流動性リスク

不動産投資は他の投資商品と比較してメリットが多いのが特徴ですが、流動性は低い商品です。ここでの流動性とは、換金を考えたときに素早く売却できるかということです。

株式は証券取引所が開いている時間帯であれば、いつでも自由に売買ができます。

投資商品の流動性とリターンの関係

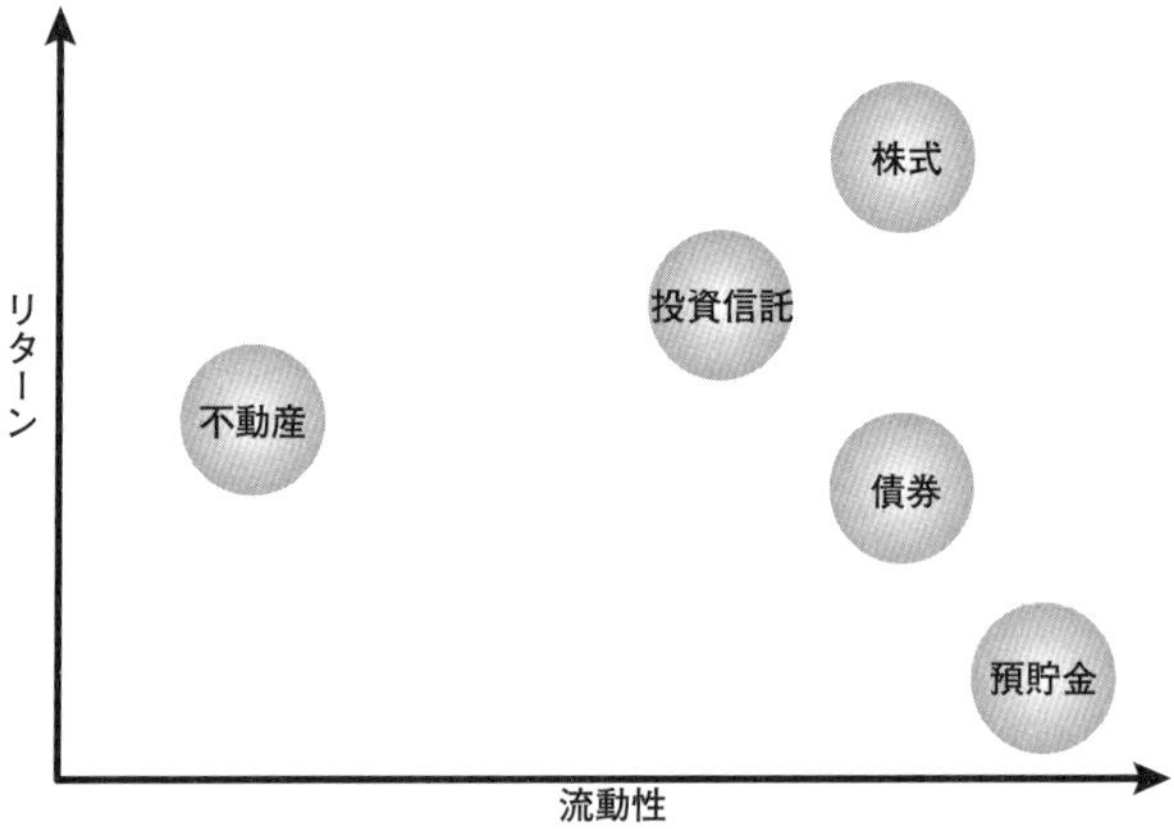

不動産の場合にはそうはいきません。取引所もなく、売却するには自分で買いたい人を探さなければなりません。実際には自分で買主を探すことは困難なため不動産仲介会社に依頼し、買主を見つけます。買主が見つかったあとは、契約、決済、引き渡しなどのステップがあり、売却が終了するまで、都内のワンルームマンションであれば早ければ2週間程度ですが、その他の地域では目途すら立たない場合もあるでしょう。

不動産の取引にはこのような流れがあるため、急いで換金しようとすると足元を見られ、買い叩かれる場合があります。これは売主にとっては大きなデメリットとなります。

しかし、買主の立場になればどうでしょう。早く売却したい売主と出会えば、優良物件でも割安に入手できる可能性があります。市場価格よりも安く手に入れれば、それだけ高い利回りが期待できます。

流動性が低いことは不動産投資にとってリスクではありますが、立場が変わればメリットに変えることもできるのです。

不動産投資にかかるコスト

購入時にかかる費用

不動産を購入する際にはさまざまな費用がかかります。主なものは次の四つです。

〈不動産購入時にかかる費用〉
仲介手数料　登録免許税　登記費用　不動産取得税

仲介手数料

仲介手数料は不動産会社に支払う費用です。計算式は表（65ページ）のようになって

不動産の仲介手数料

1	税込みの売買価格が200万円以下の部分	5％
2	税込みの売買価格が 200万円を超え400万円までの部分	4％
3	税込みの売買価格が400万円を超える部分	3％

おり、売買価格を三つに分けて計算します。
しかし三つに分けて計算するのも面倒なので、一つの式で計算する方法があります。これを速算式といい、売買価格が４００万円を超える場合には、この速算式を利用して計算が可能です。

〈仲介手数料の速算式〉
売買価格×３％＋６万円（消費税別）

売買価格が１０００万円のケースを速算式で計算してみると、１０００万円×３％＋６万円で36万円となり、66ペー

売買価格が1000万円の場合の仲介手数料

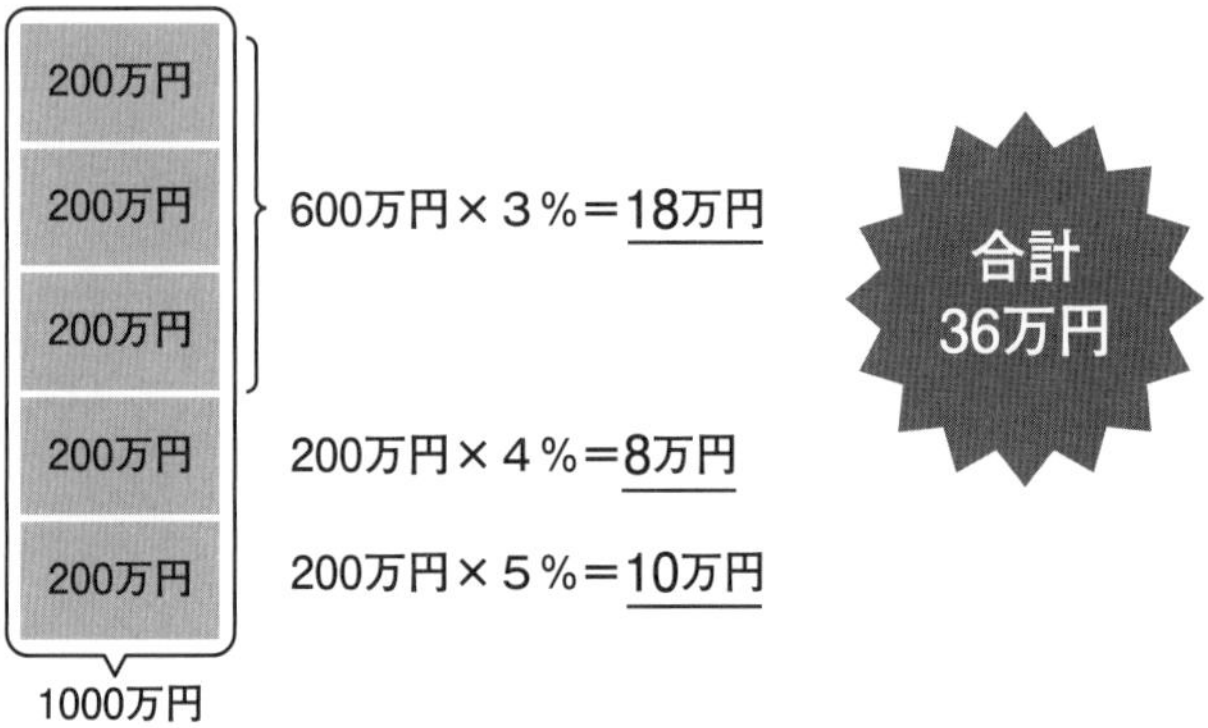

ジの図の計算と同じ金額になります。

売主から直接購入する場合は仲介手数料がかかりません。新築マンションを売主である不動産会社から直接購入する場合には数十万円の仲介手数料がかからず、コストが安くすみます。

中古物件でも、個人の売主から直接購入すれば仲介手数料は必要ありませんが、お勧めはできません。個人の売主から直接購入する場合は、物件の調査や契約、ローンの申し込みなどをすべて自分で手続きしなければなりません。手間と時間がかかり、ある程度の専門知識や経験も必要になります。

登録免許税

不動産を購入した場合、自分が所有者であることを証明できるように登記を行います。このときに必要になるのが登録免許税です。税率は課税標準額の２％です。課税標準額は、その物件の所在地の自治体が管理している固定資産税台帳価格になります。

また、２０２１年3月末までは特例によって土地分の登録免許税は税率が１・５％に軽減されています。

登録免許税の金額を自分で正確に知ることは難しい面があり、不動産会社に尋ねるか、物件価格の２％程度と考えておくのがよいでしょう。

登記費用

不動産の登記は司法書士に依頼するのが一般的です。このとき司法書士に支払うのが

不動産登記の司法書士手数料の平均

	低額者10%の平均	全体の平均値	高額者10%の平均
北海道地区	21,500円	33,058円	51,050円
東 北 地 区	21,644円	35,195円	54,905円
関 東 地 区	26,025円	44,417円	80,267円
中 部 地 区	29,710円	45,779円	73,056円
近 畿 地 区	29,000円	54,800円	103,000円
中 国 地 区	26,855円	42,375円	77,500円
四 国 地 区	23,231円	48,496円	106,750円
九 州 地 区	24,925円	41,934円	87,611円

出典）日本司法書士会連合会
備考）固定資産税評価額1000万円の不動産を売買によって所有権移転登記をした場合の手数料について行ったアンケートより集計

登記手数料です。上の表にもあるように、手数料率は司法書士によって異なります。報酬の目安は日本司法書士会連合会のサイトで確認できます。

不動産取得税

不動産を取得して6カ月から1年の間に不動産取得税の納税通知が送られてきます。

税率は固定資産税評価額

の４％です。ただし、２０２1年3月末までは３％に軽減されています。

ほかにも契約書を作成するときの印紙代、火災保険料も必要です。火災保険は、入居者が火事を起こしてしまい建物が損害を受けたときの補償を確保するものです。

以上が不動産を購入するときに必要な費用です。

定期的にかかる費用

定期的にかかる費用は不動産投資の収益に大きく関わってきます。費用を抑えることができれば利回りも上昇しますが、長く安定した収益を確保するために必要な費用もあります。

毎月かかる費用には次の三つがあります。

〈不動産を所有している場合に毎月必要な費用〉
管理費　修繕積立金　賃貸管理委託費

管理費

管理費はマンションの共用部などの維持に使われる費用です。エレベーター、廊下、エントランスなど、マンションにはさまざまな共用部があります。共用部は定期的に清掃をしなければなりませんし、電灯などの電気代もかかります。これらの費用を賄うのが管理費です。

修繕積立金

修繕積立金はマンションの大規模修繕に備えて積み立てる資金のことです。マンションの資産価値を維持するためには、定期的に外壁の補修や屋上の防水工事などが必要になります。これらには多額の費用がかかりますので、毎月積み立てて用意をするのです。

賃貸管理委託費

賃貸管理委託費は、入居者の募集から契約、家賃の集金などを委託するための費用です。委託せずに自分で行うこともできますが、初心者や仕事を持つ「サラリーマン大家さん」には難しく、手間と時間がかかります。必要経費と考えてプロに委託するのがよいでしょう。

このほか、定期的にかかる費用として固定資産税や都市計画税などの税金があります。これらは毎年1月1日時点で土地や建物を所有している人にかかる税金です。

COLUMN

〈実例編〉
ワンルームマンション投資で成功をつかんだサラリーマン投資家たち 01

資産を増やしたい、節税したい……投資を始めるきっかけは人それぞれです。

このコラムでは、数ある投資のなかからワンルームマンション投資という方法を選択し、成功をつかんだ「サラリーマン投資家」7人について、それぞれが不動産投資に興味を持ったきっかけと、投資をすることにした決め手を紹介していきます。

一言で「サラリーマン投資家」といっても、職業や年齢、物件所有数もさまざまですから、読者のみなさんにとって参考となる事例が必ずあるはずです。

Nさん

年齢：54歳
職種：会社員
家族構成：独身
年収：1400万円
居住形態：持ち家（ローン2300万円）
物件所有数：8戸
ローン残高：1億7000万円

不動産投資に興味を持ったきっかけ

もともと、株式や投資信託への投資を10年以上やっていました。しかし、低金利で融資を受けられるということもあり、不動産投資に興味を持ち始めました。

不動産投資を調べているなかで、不安になってきたのが空室などのリスクでした。そこで、不動産会社に直接会ってメリットやリスクも聞いてみようと問い合わせをしました。実際に提案を聞いたのは、レイシャスさんとアパート業者の2社です。そして区分マンション投資とアパート投資を比較検討しました。

不動産投資を始めるにあたっての決め手

私にとって不動産投資のメリットは、数ある投資のなかでも、節税対策を兼ねてできることです。

サラリーマンは年収がどんどん上がっていっても、その分だけ税金を引かれてしまいます。しかし、不動産投資を行えば自分の資産を作りながら節税効果も得られます。そこに魅力を感じました。

区分マンションに絞った理由は、長期投資を考えたときに長期にわたって大きなリターンを見込めたこと。あとは、物件の立地ですね。空室リスクを考えたときに、立地がいちばん大事になることは始める前から分かっていたので、そこを重要視して決めました。

最終的には、管理を任せるうえでアフターサービスもよさそうだったから。営業担当者が一生懸命説明してくれたので任せようと思えました。

第2章

〈物件選び編〉

ワンルームマンションがサラリーマンには最適！
失敗しない物件選びのポイント

投資用物件のさまざまなタイプ

アパートとマンションの違い

不動産投資は、物件を購入した時点で、その投資の成否が決まってしまうといっても過言ではありません。

株式であれば、投資したのちに値上がりしなければ、早めに損切りをして次の銘柄で挽回することもできますが、不動産はそうはいきません。第1章で紹介したように不動産は流動性が低く、一度購入してしまうと簡単に売買を繰り返すことはできないものです。

また売買には多くのコストがかかるので、買い替えは大幅な損失につながる可能性もあります。ですから、物件購入前には慎重に検討をする必要があります。

私自身がよく質問を受けるのは、「ワンルームマンション」と「アパートの一棟買い」ではどちらが有利なのか、ということです。

マンションの特徴は、その多くが鉄筋コンクリート（RC）構造になっていることです。柱や梁などにコンクリートが使用されており、コンクリートの中には鉄筋が入っています。このため、耐震性や耐久性あるいは遮音性に優れているというメリットがあります。

一方でアパートは多くが木造です。とくに初心者が投資できる金額で取引されているアパートは築年数が古い木造アパートが主流で、耐震性や耐久性、遮音性の面でRC構造のマンションには劣るのです。

物件として単純に比較すると、木造アパートよりもマンションのほうが条件は良いので、同じ立地であればマンションのほうが高い家賃を設定できます。

とはいえ、マンションのほうが儲かるかというと、必ずしもそうとはいい切れません。

不動産投資のリターンは物件価格と家賃の関係で決まるからです。木造アパートは家賃が低い代わりに物件購入価格は安くなります。結果、木造アパートのほうが利回りが高くなることもあります。

ただし、木造アパートの一棟買いの場合、物件を見極める力が必要です。安く購入できたのはいいが、逆に多額な修繕費がかかってしまった、となりかねないからです。

そう考えると、木造アパートは不動産投資のなかでも中上級者向きの物件といえるかもしれません。

中古と新築、どっちがいい？

では、ワンルームマンションの投資を考える場合、新築物件と中古物件ではどちらが有利なのでしょうか。

入居者の立場で考えれば、新築に住みたいという人が多いでしょう。しかし、入居者に「新築」とアピールできるのは最初の1回限りです。1日でも人が住んでしまえば、次に募集するときには中古物件です。

しかも購入価格は中古物件のほうが安くなり、その分、家賃を低く設定できます。そう考えると、価格が手ごろな中古物件が有利ともいえます。

ただし、現在流通している中古マンションで価格が手ごろな物件のなかには、築20年前後のものが数多くあり、これらの築年数が古い物件にはとくに注意が必要です。

建物は年月とともに老朽化するため、築20年ともなると屋上の防水工事や外壁の補修、キッチンや風呂など水回りの設備交換も必要になる可能性が高くなります。

せっかく安い価格で物件を購入できたとしても、その分、修繕費が高くなるかもしれません。マンション全体の大規模修繕の場合には、それまでに積み立てられてきた修繕積立金が利用されますが、費用がかさんで足りなくなれば、オーナーがさらに負担しなければならないこともあります。

一方で新築物件の場合には、多額の修繕費がかかるのは10年、20年先のことですから、利回りを把握しやすいというメリットがあります。

新築と中古ではどちらが有利なのかというと、総合的には新築物件に軍配が上がると考えています。とくに初心者の場合には、新築マンションで不動産投資の経験を積むのがよいでしょう。

ファミリータイプとワンルーム

では間取りのタイプはどうでしょうか。マンションには、大きく分けてファミリータイプとワンルームタイプがあります。両者の違いは居住年数に表れるといわれます。実際に2LDKや3LDKなどファミリータイプの物件は、入居者の定着率が高い傾向にあります。

82ページのグラフは賃貸住宅の平均居住期間です。家族構成ごとのデータですが、学生や一般単身はワンルームタイプを借りるケースが多いでしょうし、一般ファミリーはファミリータイプを選択している可能性が高いでしょう。

学生や一般単身の平均居住期間は2～4年が最も多いのに対して、一般ファミリーは

4～6年が最も多くなっています。また、17％、つまり約6世帯に1世帯は平均居住年数が6年以上になっています。

一般ファミリーの場合には子どものいる世帯も多く、幼稚園や小学校に通うようになると地域とのつながりが深まり、引っ越しがしにくくなると考えられます。

一方で単身者はファミリーと比較すると引っ越しがしやすい状態にあります。また、学生は大学を卒業すると同時に引っ越しをするケースが多いので、入居年数も短くなります。

結果、ワンルームタイプよりもファミリータイプのほうが入居者の定着率が高くなると考えられます。

では空室リスクという点ではどうでしょうか。一般的にワンルームタイプよりもファミリータイプのほうがリスクは高いといわれています。

ファミリータイプは入居年数が長いので安定した収益が狙える一方、いったん空室になってしまうと、その期間が長くなります。ファミリータイプにもワンルームタイプに

賃貸住宅の平均居住期間

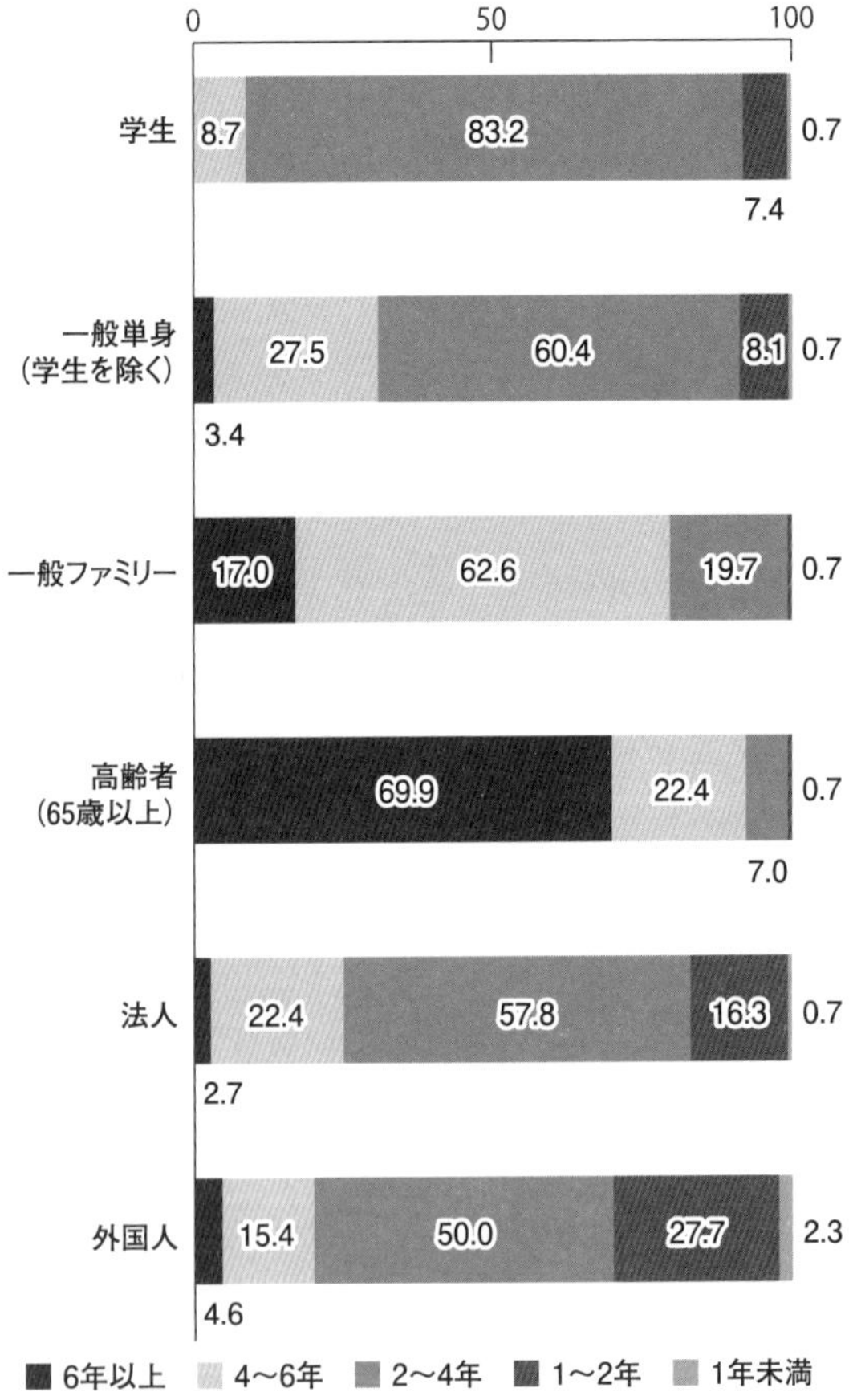

出典）公益財団法人日本賃貸住宅管理協会
「第22回賃貸住宅市場景況感調査『日管協短観』（2019年4月〜9月）」

も一長一短があるのです。

次に家賃面も考えてみましょう。

ファミリータイプとワンルームタイプでは専有面積が異なるので、比較には1坪あたりの賃料単価を用います。

ファミリータイプの場合、３ＬＤＫが多く、専有面積は70㎡から80㎡が一般的です。ワンルームタイプの場合には18㎡から25㎡が中心です。つまり、ファミリータイプはワンルームタイプの３倍程度の専有面積です。

専有面積が3倍だから家賃も3倍に設定できるかというと、一般的には難しいでしょう。また、ファミリータイプのマンションの場合、共用部の廊下やエントランスを広くして豪華に見えるようにお金をかけているケースが多いのです。物件価格には共用部の費用も加算されていますから、投資利回りで考えると効率が悪いということになります。

狙うべきは東京と名古屋の物件

２０２１年の東京オリンピック・パラリンピックの開催効果で、最近は都心部の物件価格が高騰しています。「これらはビジネスパーソンには手が出しにくい」と、地方の物件を紹介する業者も増えてきました。

地方の物件は東京よりも家賃は低くなり、その分、安く手に入るので利回りはそれほど変わらないことをアピールする業者もいます。

入居率が１００％であればそうかもしれませんが、空室リスクは東京よりも地方のほうが高くなります。

ワンルームマンションの場合、入居者は単身者がターゲットになります。次ページのグラフは東京都の単身世帯数の予測です。少なくとも２０４０年まで単身世帯数が増加すると見込まれています。

少子高齢化が進み、日本の人口が減っていくなかでも、東京の単身世帯数が増えてい

東京都の単身世帯数の予測

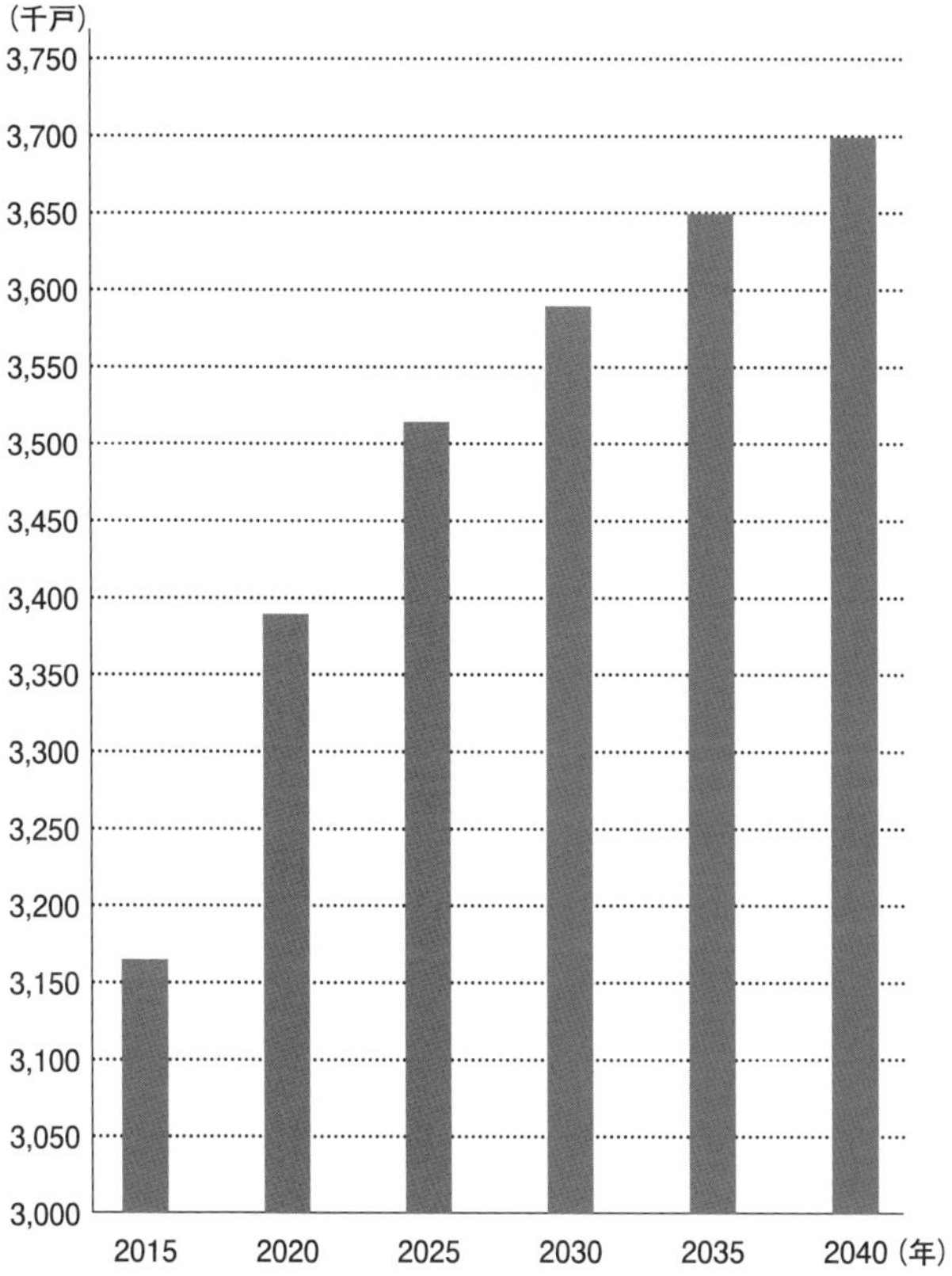

出典）東京都総務局統計部「東京都世帯数の予測」(2019年3月)

くのか。単純に生涯結婚しない「おひとりさま」が増えていることもあると思いますが、人口の一極集中が進んでいることも大きく影響しているでしょう。

もう一つ知っておきたいのは家賃収入に占める経費率です。東京に比べて地方の物件は家賃水準がどうしても低くなります。しかし、固定費としてかかる経費はあまり変わりません。地方の物件では経費の占める割合が大きくなり、実質的な利回りが下がります。

このように考えると地方よりも東京の物件のほうが有利といえるでしょう。

ただし、東京23区において新築ワンルームマンションの入手は非常に困難な状況です。その大きな理由にワンルームマンションの開発規制があります。これは近隣とのトラブル防止やファミリー世帯向け住戸の供給などを目的とするもので、それぞれの区が条例等を設けています。

そのおもな規制内容は、1戸あたりの最低専有面積を25㎡以上にする、総戸数のうち一定割合をファミリータイプの住戸（専有面積40㎡以上など）にするといったことです。

この規制によって首都圏のワンルームマンションの供給戸数は、２００７年には９２１０戸ありましたが２０１６年には７０２８戸にまで減少しました。

新築物件は、それだけで入居希望者に人気があります。しかし、23区においては需要に供給がまったく追いついていません。それゆえ東京23区内の新築ワンルームマンションは、まさに狙い目といえます。

東京23区と同等に狙い目といえるのが名古屋市内の物件です。その理由は明確です。内閣府の２０１６年度県民経済計算によると、都道府県別県内総生産において名古屋市のある愛知県は東京都に次ぐ2位。さらに１人あたりの県民所得も東京都の次の2位となっており、日本第2の都市と言われている大阪府や人口約３８０万人の横浜市を有する神奈川県よりも上位なのです。

総生産や所得が多いということは、それだけ豊かということです。豊かなエリアには人が集まります。愛知県においてその中心地は、言うまでもなく県庁所在地である名古屋市です。

しかもその豊かさは、今後も長期間継続する見込みです。その要因は複数考えられますが、おもなものとして次の二つが挙げられます。

1. リニア中央新幹線の開業

2027年に品川駅（東京都）から名古屋駅まで、そして2045年には名古屋駅から大阪駅までリニア中央新幹線が開業予定です。これにより名古屋から2時間圏の人口が全国の約5割を占め、全国最大の交流圏（スーパー・メガリージョン）が形成されます。

2. アジアNo.1航空宇宙産業クラスター形成特区の指定

航空宇宙産業は、今後確実に成長する分野です。もともと名古屋市を含む東海地方は、日本の航空機部品生産の7割以上、航空機・部品生産額では約5割を占める国内最大の航空宇宙産業地域です。

そのうえで愛知県と岐阜県はアジアＮｏ．１航空宇宙産業クラスター形成特区の指定を国から受けています。この指定によって同地域は、規制の特例措置や税制・財政・金融上の支援措置などがパッケージ化して実施され、アメリカのシアトル市やフランスのトゥールーズ市と並ぶ航空宇宙産業の一大集積地となる見込みです。

この指定対象地域には、名古屋空港周辺地区、名古屋大学周辺地区、川崎工業株式会社名古屋第一・第二工場地区などが含まれています。

リニア中央新幹線においても、アジアＮｏ．１航空宇宙産業クラスター形成特区の指定においても民間企業のように〝業績が悪化すればすぐに撤退〟といったことはあり得ません。したがって、名古屋市は今後少なくとも数十年は発展し続けると見て間違いないでしょう。

未経験のビジネスパーソン投資家にはワンルームが最適

好立地な物件でも手が届く価格帯

不動産投資に限らず、ある程度リスクのある商品に初めて投資をするのは不安がつきものです。しかし、最初の一歩を踏み出さなければリターンを得ることもできません。最初の投資で失敗しないためには事前に調べたり、勉強をしたりすることも大事ですが、どんなに事前準備をしてもリスクをゼロにすることはできません。実際に投資をしてみないと分からないこともたくさんあります。

不動産投資において、少額でチャレンジでき、管理の手間がかからない物件となると、

ワンルームマンションのメリット

1　元手が少なくても投資ができる

2　管理の手間がかからない

3　物件数が豊富で比較しやすい

選択肢は１００％近くローンが使えるワンルームマンションとなります。

１００％近くローンが使えるということは、金融機関がその物件の価値を認めているということです。したがって、初心者が物件を選ぶ際の重要な目安となるでしょう。

ワンルームマンションのメリットはそれ以外にもあります。物件数が豊富であることです。とくに都心部では数多くの新築物件が開発されていますし、中古物件も数多く流通しています。

物件を選択する際に選択肢が豊富にあ

るということは、事前の比較検討が可能で、それも投資で成功するための判断力を養う良い機会となるでしょう。

複数の物件を所有してリスク分散を

最近は低金利の恩恵でビジネスパーソンでもローンを組みやすくなっています。最初から複数の物件を所有することも不可能ではありません。

ただ、同じ物件で複数の部屋を所有してもリスク分散効果は得られません。せっかく複数の物件を所有するのであれば、エリアや沿線、最寄り駅などを変えて購入することでリスク分散効果が得られます。

また不動産投資の場合、管理が必要になります。初心者のうちは自分で管理をするのは難しいですから、管理の手間がかからない物件が向いています。

賃貸ニーズを調査してエリアを決める

立地が投資の成否を大きく左右する

物件選びで最も大事なのは立地です。立地は空室率に大きく影響します。つまり、立地が良ければ空室率が低くなり、立地が悪ければ空室率が高くなります。

では「立地が良い」とは、具体的にどういうことでしょうか。

一言でいえば利便性が高いことです。

とくに単身者をターゲットにするワンルームマンションの場合、利便性が最も大事であるといってもいいでしょう。ファミリータイプの場合には、子どもの教育などを考えて利便性よりも環境を優先する人もいますが、単身者の場合には、ほとんどが利便性を重視します。

たとえば、最寄り駅からの距離。徒歩10分を超える物件であれば、人気は大きく下がってしまいます。

最近の物件探しはネットで検索するのが主流です。その際には、細かな条件を設定することができます。そのなかでも最寄り駅からの距離は重視される項目です。単身者の場合には、徒歩10分以上やバス利用の物件を検索することはほとんどありません。よって、徒歩10分以上の物件は最初から検索もされません。検索対象にならなければ入居者が来ることもないのです。

近くにコンビニがあるかどうかも重視されます。単身者の場合、生活時間が不規則になるケースも多く、スーパーマーケットの営業時間内に最寄り駅に帰り着かないことも少なくありません。そんなとき、深夜まで営業しているコンビニは大きな味方になるのです。

物件近くの施設も空室率に大きく関わります。

たとえば、大きな病院の近くにあるワンルームマンションは空室率が低くなります。その病院の医師の仮眠室などのために病院が借り上げたり、遠くから通う医師がウィークデーの滞在先として借りたりすることもあるからです。

今後の人口動向を知る

立地の良い場所を見極めるためには、今後の人口や世帯数の動向を把握することも重要です。人口や世帯数が減る地域は賃貸物件の需要も減りますし、人口や世帯数が増える地域は需要が高くなるからです。

大都市の人口や世帯数は増加傾向にあり、地方の人口や世帯数は減少傾向にあるといえます。しかし、大都市であってもエリアによって人口の動向は異なります。

大まかにいえば、東京23区内の駅から徒歩10分圏内のエリアであれば、今後も人口増加が期待できます。

ただし、東京都内であっても郊外エリアはお勧めできません。都心から1時間程度か

日本全体と東京都の人口推移

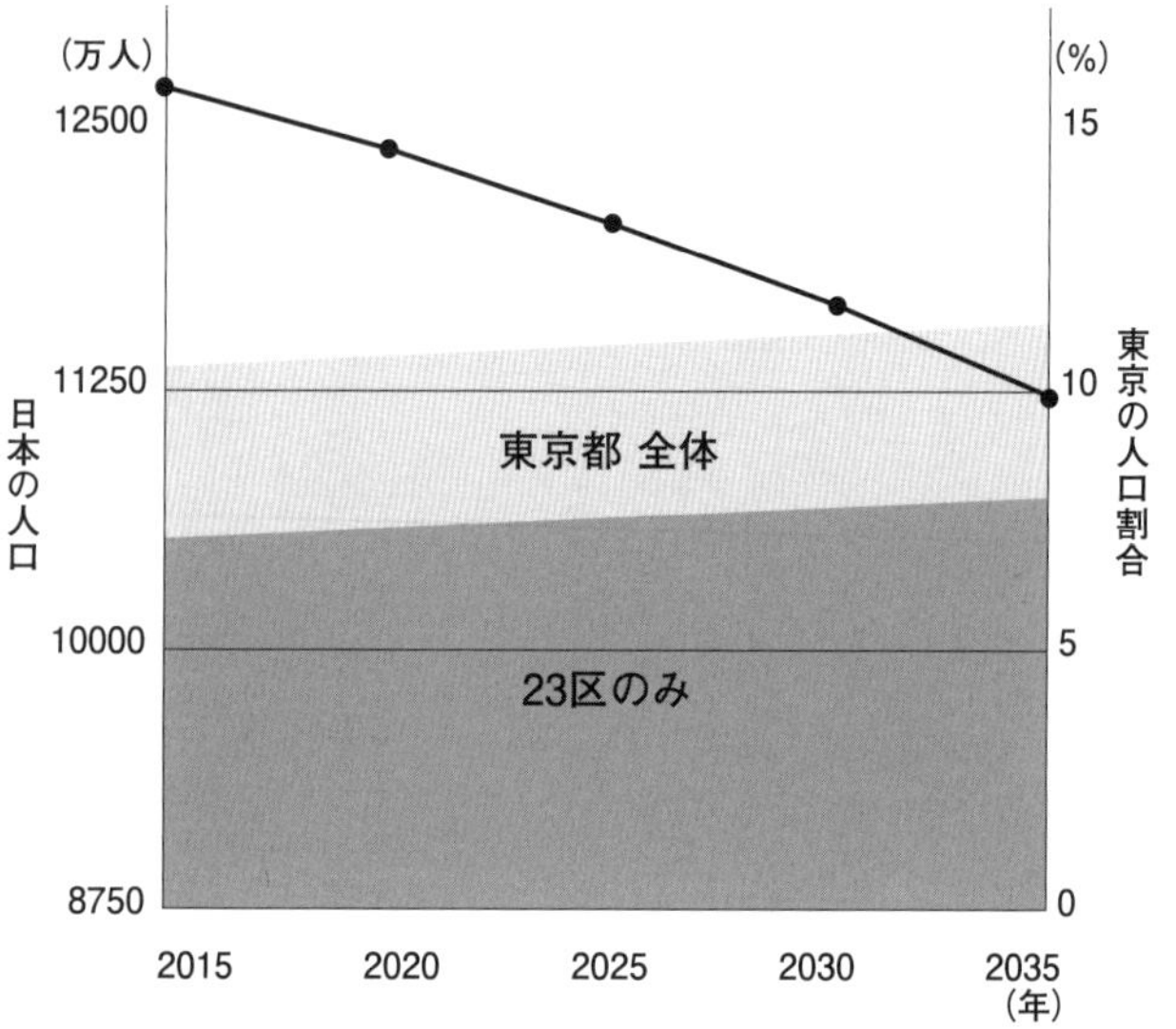

出典）総務省「日本の統計 2017」、「平成27年国勢調査人口（確報値）」

かるエリアでは、すでに人口が減少し始めているところもあります。

また、東京の23区以外の物件ならば、首都圏の他の地域や名古屋、大阪などの都市の物件のほうがいいでしょう。人口減少傾向のなかにあっても、人口流出数より流入数が上回っている地域が狙い目です。

都道府県別の転入・転出超過数

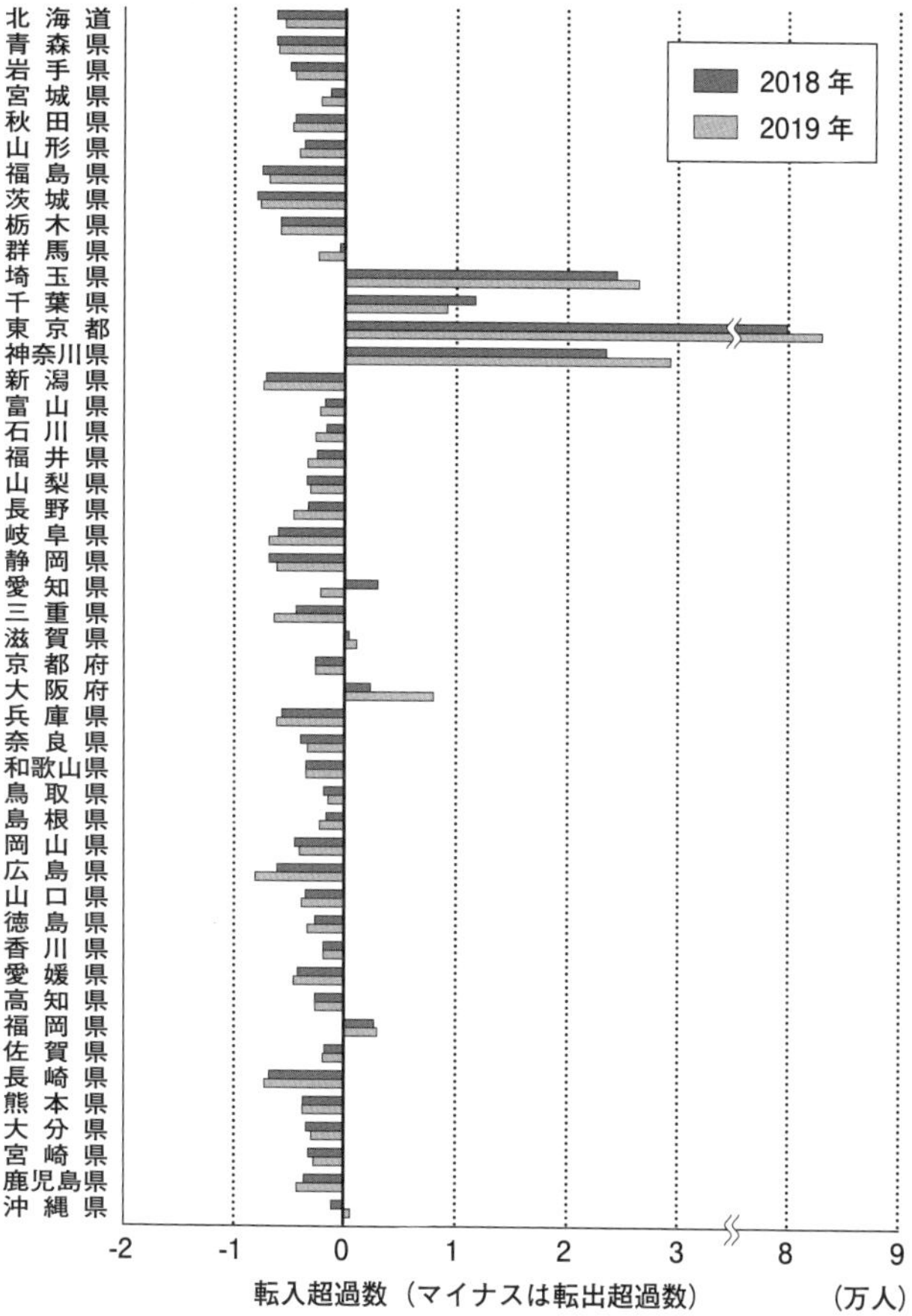

出典）総務省「住民基本台帳人口移動報告」（2019年）

優良物件を見分ける方法

WEBで拾える情報の信ぴょう性

インターネット環境が整っている現在、不動産投資に関する情報収集も簡単にできるようになっています。投資用不動産を販売している会社のサイトでは実際に販売中の物件の詳細をチェックできますし、希望利回りなどの条件を設定して、それに合う物件を検索することもできます。

投資用不動産の情報を提供しているサイトには大きく分けて2種類があります。売主として情報を掲載している会社と、仲介会社として情報を掲載している会社です。それぞれに特徴がありますので、上手に使い分けるのがよいでしょう。

売主が提供するサイトの情報は、情報が早い、正確などのメリットがあります。自社で販売する物件がいち早く掲載されていますので、最新の情報をチェックできます。また、情報元が自社内ですので内容も正確です。内容に誤りがあれば会社の信用に関わりますから、誤りがないように細心の注意が払われています。

逆に物件の情報が自社販売物件に限られるというデメリットもあります。販売中の物件は限られるので、同じような条件の物件を比較検討することは難しい場合もあります。

一方、仲介会社のサイトは物件数が豊富であることが大きなメリットです。地域や物件のタイプ、価格帯などさまざまな物件をチェックできます。条件を決めて希望に合う複数の物件を横並びで比較することもできます。

ただし、情報のスピードは売主が提供するサイトよりも遅くなるケースもあります。仲介会社は売主から情報を得てサイトで紹介していますので、掲載されるまでにはある程度のタイムラグがあります。

これらの特徴を理解したうえで両者を使い分けながら、不動産の相場観をつかみ、投資する物件を絞り込んでいくといいでしょう。

不動産会社から聞き出すべき情報

投資する物件がある程度絞り込めたら、売主や仲介している販売会社からより詳しい情報を収集することになります。優良物件を見分けるために、不動産会社に確認しておくべき事項は、主に次の四つです。

〈不動産会社に確認すべきこと〉

立地　仕様　セキュリティ　管理体制

立地や仕様は基本事項ではありますが、周辺に商店街、コンビニ等があるかどうか、といった地域の情報も聞き出すようにしましょう。自分自身で物件の下見をするという人は多くはないため、不動産会社からの情報を頼りに、物件の具体的なイメージを膨らませることになります。

物件の人気はセキュリティに大きく左右されます。オートロック、テレビモニター付きインターフォン、監視カメラの有無のほか、24時間管理かどうかなどは、入居率にも関係する重要なポイントですが、意外に見落としがちなため注意しましょう。

管理体制のうち、家賃滞納トラブルへの対処などについては第5章でも解説していますが、一言でいえば「親身になってくれるところかどうか」で判断しましょう。社内に営業がおらず賃貸管理だけをする会社では、オーナーの気持ちは分からないものです。また、一部ではありますが、家賃を上げる交渉をしてくれたり、社員全員で物件の掃除をしてくれたりするような熱心な会社もあります。

希望に近い物件が見つかったら、販売資料を取り寄せ、詳しい情報を確認しましょう。

表面利回り・実質利回りとは

販売資料が届いたら、自分で利回りを計算しましょう。不動産の利回りには「表面利回り」と「実質利回り」があります。表面利回りは次の式で計算します。

〈表面利回りの計算式〉

年間の家賃収入÷購入価格

たとえば、2700万円のワンルームマンションで毎月9万4000円、年間112万8000円の家賃収入が得られる場合、9万4000円×12カ月÷2700万円で利回りは約4・2％です。

管理費や修繕積立金、不動産会社への支払い管理委託費が年間合計で14万円かかるとすると、年間の手取り収入は98万8000円となります。

さて、表面利回りには管理費などの経費が加味されていません。そこで、経費を差し引いたあとの手取り家賃で利回りを計算したものを実質利回りといいます。

〈実質利回りの計算式〉

（年間の家賃収入－運営コスト）÷購入価格

先の例で管理費や修繕積立金、不動産会社に支払う管理委託費の年間合計は14万円、家賃収入は１１２万８０００円です。

実質利回りは（１１２万８０００円－14万円）÷２７００万円で算出すると約３・７％となります。

周辺情報の調査

利回りに納得できたら、物件の周辺情報をチェックしてみましょう。まずは、グーグルマップを利用します。住所を入力して物件の所在地を確認したら、最寄り駅までの時間を計算します。グーグルマップでルート検索をすると、徒歩でどのくらいの時間がかかるかが分かります。物件周辺の状況はストリートビューを利用します。

物件の近くに騒音がありそうな工場があったり、墓地などがあったりすると、入居者が敬遠する可能性があります。

周辺に問題がなければ、実際に現地を訪れてみます。入居者がいない物件であれば中を確認することもできますが、入居中の場合には外観をしっかりと確認します。

現地では書類には表れない状況を確認できます。たとえば、同じ築年数でも管理のしっかりとした物件とそうでない物件では、外観に大きな差が出ます。外観が古ぼけていれば、入居者も敬遠するでしょうから空室率に影響を及ぼします。

入居者がいない物件であれば、仲介会社に連絡をして内観をチェックします。その際、リフォームの状況を確認し、リフォームされていないようであれば、無料でリフォームをしてもらえるのか、または、リフォーム代相当分を値引きしてもらえるのかを交渉していきます。

COLUMN

〈実例編〉
ワンルームマンション投資で成功をつかんだサラリーマン投資家たち
02

不動産投資に興味を持ったきっかけ

以前から部下の医師が不動産投資をしていて、興味は持っていました。しかし、病院に営業の電話がしつこいほどかかってくるので、話を聞く気にはなりませんでした。

そんなある日、自宅にある大手販売会社のＤＭが届き、封を切ると「節税」という言葉が目に飛び込んできました。そこで「まあ一度くらい話を聞いてみるか」ということで資料請求をしたのがきっかけです。

Yさん

年齢：39歳
職種：医師
家族構成：奥様扶養・子ども1人
年収：2000万円
居住形態：持ち家
物件所有数：2戸
ローン残高：5000万円

不動産投資を始めるにあたっての決め手

決め手は、センチュリー21というネームバリューと物件の立地が良かったこと。あとは担当者が誠実で任せてもいいと思ったからですね。

とはいえ即決したわけではなく、話を聞いて一度はお断りしたんです。正直最初は「不動産投資＝怪しい」という考えが拭えなくて……。

ですがその担当者は1週間に1度は必ずメールか電話で連絡をくれ、物件の情報や不動産の市況などを教えてくれました。そのなかでタイミングもあったのですが、「いい物件が出たので」ということで再度会って買うことにしました。不動産は長期運用になるので、担当者との相性は大事かなと思っています。

第3章

〈物件購入編〉

信頼できる不動産会社を見極め、
物件を素早く適正価格で手に入れる方法

物件の価格はどうやって決まる？

建物価格と土地の価格

購入時の価格がより安いほうが利回りは高くなり、効率の良い投資ができます。不動産価格を決めるのは、売りたい人、つまり売主と相場です。新築であれば、デベロッパー（開発業者）が土地を仕入れて、マンションを建てて販売します。販売価格には土地代と建築費に、販売会社が自社の利益を上乗せします。これが大雑把な価格の決め方です。

一方で中古物件の場合は、売主が不動産仲介会社の査定を参考に販売価格を決めていきます。売主に依頼された不動産仲介会社は主に次のような項目で査定します。

〈中古物件の価格の査定要素〉

同じマンションの販売実績　最寄り駅からの距離
マンションの周辺環境　築年数　適正賃料

お住まい探しの場合、このうち最も参考にするのは、同じマンションの販売実績です。物件によってある程度の違いは出ますが、過去の実績をベースに専有面積、部屋向き、階数などの条件によって調整すればおおよその価格設定ができます。

投資用不動産の場合は、その物件をどのくらいの家賃で貸し出しできるかが大きな要素になりますから、販売価格には、マンション内の家賃設定も参考にします。

仮に毎月の家賃が7万円で物件価格を2400万円に設定した場合、表面利回りは7万円×12カ月÷2400万円で3・5%となります。

築年数にもよりますが中古物件で表面利回りが3・5%では、買主にとってあまり魅力を感じられないでしょう。管理費や修繕積立金がかかりますので、実質利回りになるとさらに下がってしまいます。利回りが低い場合には、販売価格を下げるか、事前にリフォームなどをして家賃のアップができるような工夫を、売主側がすることもあるのです。

売主によっては複数の不動産仲介会社に依頼して、最も高い査定価格を提示した仲介会社に売却を依頼するケースもあります。必ずしもその販売価格で売れるとは限りませんが、売主にしてみれば、少しでも査定が高い不動産仲介会社に依頼したいと考えるのでしょう。

さらに売主がいつまでに物件を売却したいかによっても販売価格は変わります。急いで売却する必要がない場合には、多少高めにして様子を見ることもあります。一方、売却を急いでいる場合には、買手を見つけるため、最初から叩かれた価格で売り出すことになります。

このように売りたい人と買いたい人の希望、つまり需給バランスによって決まる販売価格ですが、不動産価格は日本経済や世界経済全体の動きにも大きく左右されます。

たとえば、１９８０年代後半からのバブル期には、不動産価格が一気に高騰しました。不動産を購入して、しばらく寝かせておくだけで価格が上がり、売却すれば利益が確保できる状態で、家賃収入による利回りなど考える必要はありませんでした。

しかし、そんな状況は長くは続きませんでした。１９９１年にバブルが崩壊し、同時に不動産価格も一気に下落したのです。

そもそも、需要と供給のバランスで物件の販売価格が決まっていたのであれば、激しく上下することはありません。需要も供給も急激に変化することはないからです。

不動産需要が急速に盛り上がるケースとしては、急激な人口増加などがありますが、日本では考えられません。供給にしても、土地を仕入れて物件を建築するにはそれなりに時間がかかります。そのため不動産価格が急激に動くときには、経済の影響を受けていることが多いのです。

株価が上がり始める今が買い時

経済の動きが最も顕著に表れるのが日経平均株価でしょう。1955年から2005年までの日経平均株価と6大都市（東京区部、横浜市、名古屋市、京都市、大阪市、神戸市）の住宅地価格指数を併せて確認すると、その動きがほぼ一致しているのが分かります。

ただし、地価のほうが1～2年遅れて動く傾向があります。

また、政府が大型補正予算を打つと日経平均株価が上昇に転じることも分かっています。とくにバブル崩壊後の1993年、リーマン・ショック後の2009年、アベノミクス開始後の2013年などが顕著でしょう。

そして、2020年は新型コロナウイルスの緊急対策として、過去最大の約

日経平均株価と住宅地価格指数（6大都市）の関係

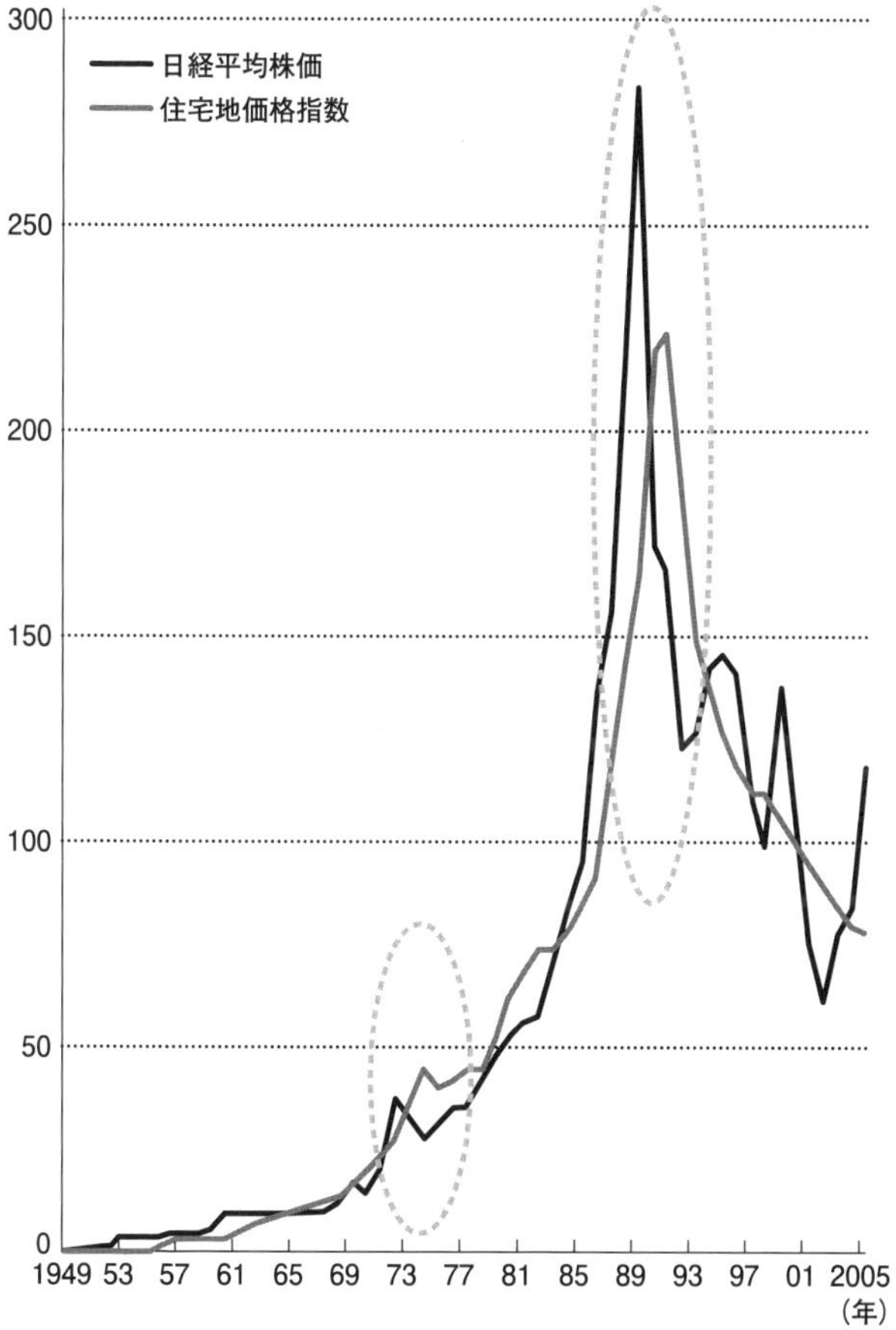

日経平均株価チャート

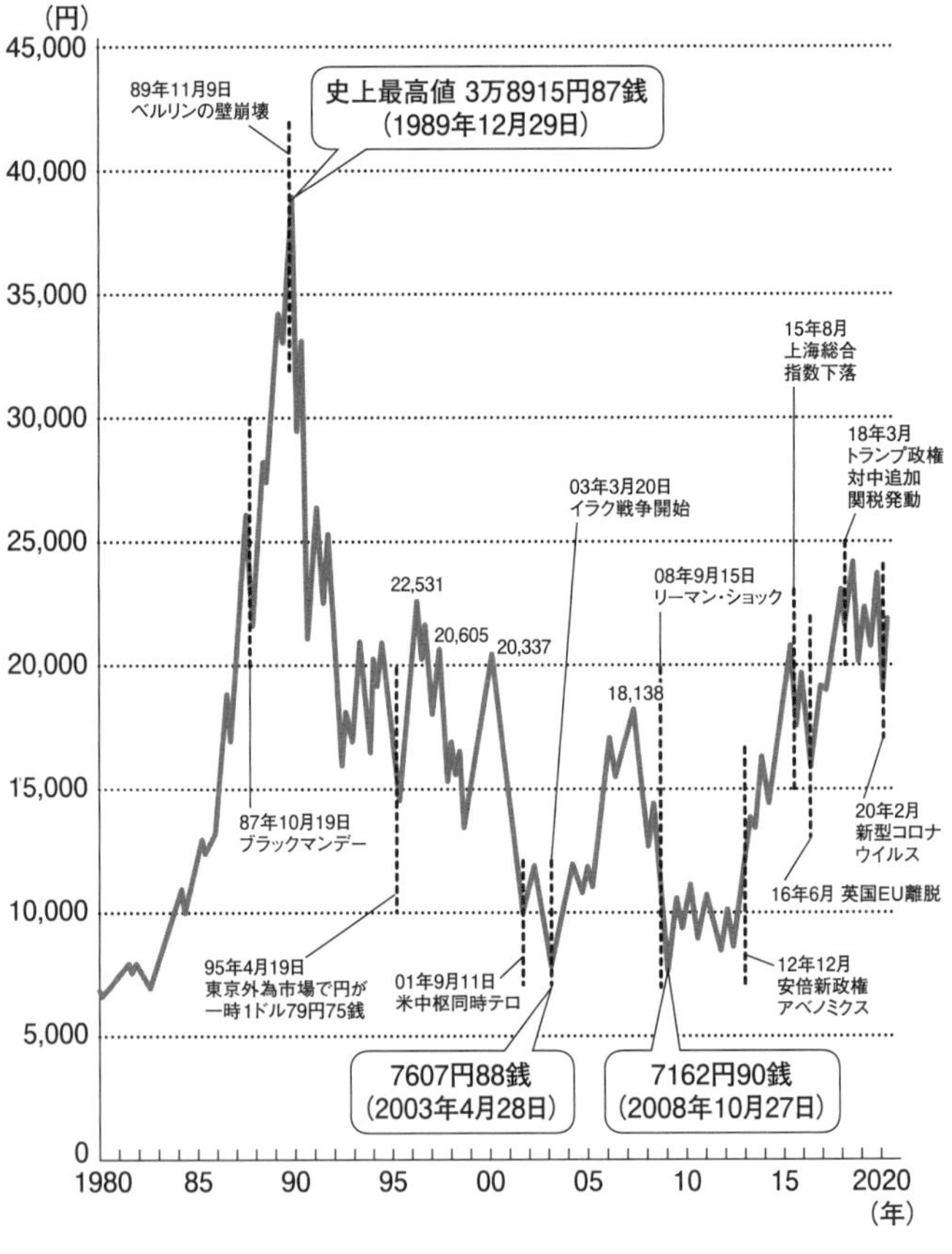

注）東京証券取引所225種の平均株価。主要事件等は東京新聞2008年10月28日などによる。

資料）日銀HP、日経平均資料室HPをもとに作成

25兆7000億円の補正予算が打たれました。

日経平均株価は同ウイルスの影響で急落しました。その状況下でこれだけの規模の大型補正予算が打たれれば、コロナ禍が終息へ向かうにしたがって株価も急上昇していくでしょう。

これに伴い不動産価格も今後どんどん上がっていくはずです。したがって、不動産投資を始めるなら早ければ早いほどメリットは大きい。つまり、今が買い時といえます。

物件購入の流れ

検索サイトから買い付け申し込みを

初めての不動産投資の場合、物件の良し悪しはなかなか判断ができないでしょう。しかし、心配はいりません。たくさんの情報を集め、多くの物件の資料を見ているうちに自然と物件を見る目が養われていくはずです。まずは、できるだけ多くの物件情報に触れてみることを心がけてください。

物件については検索サイトで、また不動産会社からできる限り情報を集めましょう。有望な物件が見つかった場合には「買い付け申し込み」を行います。このとき「買付証明書」を提出し、売主と合意ができれば、契約に進みます。

「売買契約書」のチェックポイント

契約時に交わされる書類には重要事項説明書と売買契約書があります。この二つの書類にはほぼ同じ項目が記載されていますが、重要事項説明書は売買契約書の内容をより詳しく解説したものと考えるとよいでしょう。

ここでは主なチェックポイントについて紹介します。

土地や建物に直接関係する事項

土地や建物に関する権利関係が記載され、その契約によって「所有権」「地上権」「賃借権」を持つことになります。土地や建物の権利が「所有権」になっていることを確認しましょう。

「地上権」や「賃借権」の場合、「所有権」と比較すると権利上、大きな差があります。なかには「地上権」や「賃借権」であるにもかかわらず、買主に「所有権」だと勘違いさせるような販売をするケースもあります。権利の種類は必ずチェックしましょう。

都市計画法、土地区画整理法に関する事項

都市計画法や土地区画整理法によって、法的な制限がある場合があります。たとえば、「区域・区分」が「市街化調整区域」になっている場合には、現在建物が建っている土地でも建て替えができない場合があります。

また、購入する不動産の土地が都市計画道路にかかっている場合にも注意が必要です。将来、道路の設置のために立ち退きを迫られることがあります。

建築基準法による事項

建築基準法では、土地の用途地域を定めています。その種類によっては建物を建築するときに制限を受けることがあります。

また、建築基準法で定められた建ぺい率や容積率が守られているかについても確認し

ましょう。範囲内でない場合は違法建築となり、融資を受けられない可能性があります。建築当時は建築基準法の範囲内であったにもかかわらず、その後の法改正で範囲外になる物件もあります。これを「現況不適格」といいますが、建て替えの際には、現在と同じ大きさの建物を建てることができません。

敷地と道路、私道負担の有無に関する事項

敷地に面した道路の種類、幅員、接道幅などが記載されています。たとえば、接道幅は「敷地が幅４メートルの道路に２メートル以上接していない」場合には、建物を建て替えることができません。

道路の種類は大きく分けて「公道」と「私道」があります。公道であれば問題ありませんが、私道の場合には建て替えができないこともあります。ただ、私道でも「位置指定道路」や「42条２項道路」と記載してある場合には、公道と同等となり建て替えが可能です。

また、「私道」という道路の種類があり、私有地であっても道路として提供する必要がある土地を意味します。私道は単独で所有している場合もありますが、複数の権利者が共有している場合もあります。

その場合、権利関係がややこしくなりがちです。また、私道部分の維持管理費が必要だったり、使用料が必要になる場合もあります。

管理、使用に関する事項

マンションの場合にはこの項目があり、管理規約などについて記載されています。ここでは、用途制限をチェックします。店舗や事務所として利用不可な物件もあります。その場合、借り手が制限されます。

また、ペットを飼うことや楽器の使用が制限されているケースもあり、これも借り手を制約しますので注意が必要です。

管理費、修繕積立金に関する事項

これもマンションの場合の項目です。管理組合に支払う管理費について記載されています。中古物件の場合、所有者が管理費を滞納しているケースもあるため、チェックしておきましょう。

修繕積立金は、マンション全体での積立額が記載されています。金額が少な過ぎると、大規模修繕を実施する際に予算が不足し、将来まとまった資金を拠出しなければならない可能性があります。

マンション全体で妥当な修繕積立金になっているか、計算してみると安心です。

契約の解除に関する事項

契約解除をするときのペナルティが記載されています。一般的に契約を解除するときには、売主であれば「買主から受け取った手付金の倍額を支払う」、買主であれば「売主に支払った手付金を放棄する」ことで解除が可能です。

「登記簿謄本」のチェックポイント

売買契約を結ぶまでに「登記簿謄本」も必ずチェックしておきましょう。「登記簿謄本」は、その土地や建物の履歴書のようなものです。

内容は「表題部」「甲区」「乙区」の三つに分かれています。

「表題部」には、所在地や構造など、その不動産の概要が示されています。マンションのように区分所有権の場合には、建物全体の記載と専有部分の記載に分かれています。

「甲区」には、不動産の「所有権」について記載されています。これまでの「所有権」の移転も分かります。ここでは、売主が所有者であるかをチェックします。

「乙区」には、「抵当権」などについて記載されており、どこから融資を受けているかについて知ることができます。融資を受けている場合には「抵当権」が設定されていますが、購入後には抹消され、所有権の移転登記が行われます。

「賃貸借契約書」のチェックポイント

購入する不動産に入居者がいる場合には、「賃貸借契約書」もチェックします。

まずは、家賃の設定が妥当かどうかを確認します。周辺相場と合致していれば問題ありませんが、明らかに高い家賃あるいは安い家賃が設定されている場合には〝なにか〟があります。

高い場合には、売主が偽装している可能性があります。高い家賃で入居者が入っていれば、物件価格もその分、高く設定できるからです。売主が誰かに依頼して、一時的に高い家賃で契約をしている可能性もあります。

COLUMN

〈実例編〉
ワンルームマンション投資で成功をつかんだサラリーマン投資家たち 03

不動産投資に興味を持ったきっかけ

まずは老後が不安でした。寿命が延びてきているなかで60歳までは働けますが、それから長い老後生活が待っています。ですから老後資金のために何か投資を始めたほうがいいなと思いました。

そこでさまざまな投資を検討した結果、私になにかあった時にローンの残債がなくなるという生命保険代わりにもなる不動産投資に魅力を感じました。そしてセンチュリー21のブランドを信頼してレイシャスさんへ資料請求をしました。

Sさん

年齢：46歳
職種：会社員
家族構成：奥様扶養・子ども2人
年収：1100万円
居住形態：持ち家（ローン1800万円）
物件所有数：4戸
ローン残高：1億円

不動産投資を始めるにあたっての決め手

最初に担当の方にお会いしたときに、トータルでいくらかかるか費用のプランを見せていただきました。そのとき、確定申告の際に自分の所得に不動産投資のマイナス分を計上できることを知り、節税になることに驚きました。

しかし、当日は決断せずに一度は家に持ち帰りました。そして後日、担当の方が細かい質問などにも丁寧に答えていただいたのが最後の一押しとなり購入を決めました。

その後も追加購入して現在は4戸所有しています。

第4章

〈資金調達編〉

好条件で借りやすい金融機関は? 不動産会社の紹介で長期・低金利の融資を引き出す秘訣

不動産投資に利用できるローン

住宅ローンと不動産投資用ローン

初めて不動産投資をする場合には、ローンを利用することに抵抗を感じる人がいるかもしれません。ローンといえば、〝借金〟というイメージが強く、不動産投資の場合にはその額もある程度の高額です。もちろん、現金で購入すればリスクを減らすことができ安心ですが、2000万、3000万というお金をすぐに用意できる人は少ないでしょう。

また、第1章で紹介したようにローンを利用することが生命保険代わりになったり節税効果が得られるなど、他の金融商品にはないメリットもあります。ローンをただ怖がるのではなく、返済プランをしっかりと立てたうえで、賢く活用することが得策です。

金融機関はそれぞれ不動産投資用ローンの条件を設定していますが、これはあくまでも目安と考えてください。実際に交渉をしてみると、柔軟に対応してくれる金融機関も多く、不動産会社の提携ローンを利用すれば、条件が優遇されるケースもあります。

一般的な金融機関の融資条件を把握したうえで、不動産会社に提携ローンがないか聞いてみるといいでしょう。提携ローンを持っているということは、それだけ金融機関からの信頼が厚いという証しでもあります。融資金利は通常の住宅ローンよりも高めですが、金利が高いときと比較すれば、低金利が続く今は有利です。

また、年収が高い、公務員や医師である、優良企業に勤めているなど、返済が滞る心配の少ない人には、金融機関も積極的に貸し出したいと思っているものです。

頭金に対する考え方

不動産投資においてローンを利用する際、多くの評論家は「頭金はできる限り多く入れたほうがいいですよ」と言っています。そのほうがキャッシュフローがよりプラスになるからです。

しかし、それはすべての人に当てはまることではありません。

たとえば、より大きな保険効果を得たい人は、頭金が少ないほどメリットがあります。第1章で説明したようにローン利用による不動産投資は、生命保険代わりにもなります。そしてその保険効果は、ローン残高が多ければ多いほど高いと言えます。

また、物件価格2760万円の物件をローンを利用して購入し、その直後にオーナーが亡くなったとします。その際、頭金ゼロなら持ち出しゼロで家族に2760万円の資産を残すことができます。

これに対して頭金1000万円なら、その分を差し引いて実質1760万円の資産しか残せません。

一方で頭金を多く入れたほうがメリットのある人もいます。それは比較的預貯金の多い人です。現在（2020年5月）の定期預金の金利は0・02％前後です。仮に

400万円預けていたとしても年間800円しか利息がつきません。

ところがそのお金を不動産投資の頭金に回せば、定期預金をはるかに上回る利息を手にすることができます。

一例として私の会社の物件を購入した場合でシミュレーションしてみましょう。

〈物件概要〉
販売価格：2760万円
家賃収入：9万6000円
管理費・修繕積立金：1万2000円
ローン返済期間：35年
金利：2%

〈頭金600万円の場合〉

月々の収支：（9万6000円〔家賃収入〕−4800円〔代行手数料〕）−（1万2000円〔管理費・修繕積立金〕＋7万1552円〔ローン返済額〕）

＝9448円

利息：（（9448円〔月々の収支〕×12カ月）−80000円〔固定資産税〕）÷（600万円〔頭金〕＋90万円〔諸費用〕）

＝0・4％

〈頭金1000万円の場合〉

月々の収支：（9万6000円〔家賃収入〕−4800円〔代行手数料〕）−（1万2000円〔管理費・修繕積立金〕＋5万8302円〔ローン返済額〕）

＝2万2698円

利息：（（2万2698円〔月々の収支〕×12カ月）−80000円〔固定資産税〕）÷（1000万円〔頭金〕＋90万円〔諸費用〕）

＝1・76％

定期預金の金利は０・０２％前後ですから、現金は不動産投資に回したほうが圧倒的に増やすことができます。

このように最適な頭金の金額は人それぞれです。盲目的に「多いほうがいい」とは考えずに、パートナーとなる不動産会社と相談しながら決めましょう。

家賃が下がらなければ評価も下がらない

金融機関によって融資の可否に差が出る理由の一つに物件評価方法の差があります。バブル期には第１章で説明した「積算評価」と「収益還元法」のほか、「取引事例比較法」という評価方法が採られていました。

「取引事例比較法」とは、実際に行われた取引を価格判定の基準とするものです。「まず多数の取引事例を収集して適切な事例の選択を行い、これらに係る取引価格に必要に応じて事情補正及び時点修正を行い、かつ、地域要因の比較及び個別的要因の比較を行って求められた価格を比較考量し、これによって対象不動産の試算価格を求める」「近隣地域若しくは同一需給圏内の類似地域等において対象不動産と類似の不動産の取引が行われている場合又は同一需給圏内の代替競争不動産の取引が行われている場合に有効である」と定義されています。

現在は収益還元法が用いられることがほとんどですから、家賃が下がらない限り、評価が下がりづらいといえます。

投資家の属性とは

融資の可否、融資額は物件の条件だけで決まるわけではありません。投資家の個人属性によっても大きく変わります。

金融機関が投資家のどこを見ているのかを一言でいえば、その人物の信頼性です。といっても抽象的になってしまうので、具体的な判断材料を紹介していきましょう。

まず、一つ目の判断ポイントは年収です。多くの場合、過去3年程度の年収を参考に返済能力が判断されます。年収を証明する書類として、源泉徴収票、確定申告書などを金融機関に提出します。

もちろん、年収が高いほうが良い評価を得られますが、加えて納税額が高い人、また、右肩上がりで年収が増えている人も高い評価が得られます。

自営業の場合には、サラリーマンと違って、さまざまな節税の手段があるため、納税額を減らすためにできるだけ経費を計上し、赤字にしている場合もあります。しかし、融資の判断において納税額がゼロであることはマイナス要素です。不動産投資で融資を受けるなら、3年以上はしっかりと納税しておくのも評価を上げるポイントになります。

二つ目の判断ポイントは勤務先です。評価が高いのは公務員や一部上場企業の社員、あるいは医師などの職業です。高い収入が期待できるというよりも、安定的な収入が得られるという点が高い評価につながります。

また、勤務年数もチェックの対象となります。安定した収入が期待できる会社に勤めていても、辞めてしまえば収入は途絶えてしまいます。転職を繰り返して勤続年数が短い人は、再び転職をする可能性があると判断されます。よって、転職したばかりの人が融資を受けるのは困難でしょう。

銀行が最良とは限らない

ノンバンクでも不動産投資向けのローンを扱っています。ノンバンクとは、融資を専門に行っている金融機関です。銀行のように預金は扱っていません。

ノンバンクにはさまざまあり、クレジットカード会社、信販会社、住宅金融専門会社、リース会社、消費者金融も含まれます。

ノンバンクの特徴は銀行と比較し、審査が緩やか、かつ迅速ということです。年収や担保評価などから銀行融資では希望の金額が借りられない場合でも、ノンバンクであれば受けられる可能性があります。

また、銀行よりノンバンクのほうが金利が低く、メリットが大きい場合もあります。

ローンの申し込み手順

実際のローンの申し込みは、不動産の売買契約後に行います。審査が通らないと、それまでの手続きがムダになってしまうので、前述のような事前相談が欠かせないのです。
ローンは自分で探したほうがいいという声もありますが、個人で融資を受けることはほとんど無理に近いと言っていいでしょう。不動産会社の提携ローンであれば手続きも簡単で、個人より有利な条件で融資を受けることができます。
ローンの申し込みの際に必要な書類は金融機関によって異なりますが、おおよそ次のような書類が必要になります。

〈不動産会社に用意してもらうもの〉

登記簿謄本　地積測量図　公図

固定資産税評価額が分かる書類

〈自分で用意するもの〉
身分証（顔写真付き身分証明書・健康保険証）
サラリーマンの場合は直近の源泉徴収票
自営業の場合は過去3期分の決算書または確定申告書
公的収入証明書　印鑑証明書　住民票

これらを金融機関に提出すると審査が行われます。

審査に通ると、金融機関との間でローン契約を結びます。購入時には物件の購入代金以外にも融資事務手数料、抵当権設定登記費用、火災保険料、管理組合費、固定資産税精算金などの諸費用がかかります。中古物件の場合、仲介手数料もかかる場合がありま す。諸費用は、物件価格のおおよそ3～5％程度と考えておくといいでしょう。

契約が終了すると、金融機関から不動産会社に直接資金が振り込まれることになります。これで物件の引き渡しを受けることができます。

COLUMN

〈実例編〉
ワンルームマンション投資で成功をつかんだサラリーマン投資家たち
04

不動産投資に興味を持ったきっかけ

もともと仕事関係のお付き合いもあって株式とＦＸ投資をしていました。そのため投資には常々興味を持っており、ほかの運用先はないかと考えていたときに、不動産投資のＤＭが届きました。それで資料請求をしたのがきっかけです。

不動産投資を始めるにあたっての決め手

決め手は物件と担当者ですね。立地がどこなのかと、どういった方が入居するのかをとくに重視しました。そのうえで「この場所なら10年後20年後も入居者募集に困らない場所だ」と思えたので買おうかなと考えました。

あとはレイシャスの担当の方が、私がどんな物件なら興味を持つかを

Tさん

年齢:41歳
職種:会社員
家族構成:独身
年収:900万円
居住形態:持ち家
物件所有数:3戸
ローン残高:7500万円

よく理解してくれていました。先ほど挙げた場所や借り手だけでなく、物件の良さや所有した場合の収支シミュレーション等、細かな説明に最後は十分納得できたので購入を決めました。

最初は1戸から購入しましたが、その後もまた良い場所の物件をご提案いただきまして、現在は3戸所有しています。そろそろ出口戦略も考えようかと思っております。

第5章

〈管理編〉

入居者募集からトラブル対応まで。
手間とコストを最少化する物件管理のコツ

入居者募集から決定までの流れ

不動産仲介会社の仕事と大家の仕事

物件の引き渡しを受けたら、いよいよオーナーとしてのスタートを切ることになります。しかし、待っていても入居者は現れません。自分で入居者を見つけるのは困難ですから、不動産仲介会社に入居者の募集を依頼することになります。

入居希望者は、インターネットで賃貸物件を探すのが一般的になりました。そのため、インターネットをはじめとしたさまざまな媒体で集客ができる不動産会社、または管理会社へ募集を依頼するのが有効です。

不動産仲介会社への依頼の形式には一般媒介、専任媒介、専属専任媒介があります。

それぞれの特徴は次のようになっています。

一般媒介

オーナーは同時に複数の不動産仲介会社に入居者の募集を依頼できます。また、オーナーが自ら入居者を探した場合には、不動産仲介会社を通さずに契約をすることも可能です。

専任媒介

特定の不動産仲介会社に入居者の募集を依頼する方法です。また、専任媒介の場合もオーナーが自ら入居者を探すことができます。

専属専任媒介

特定の不動産仲介会社に入居者の募集を依頼するというのは専任媒介と同様ですが、

違いはオーナーが自ら入居者を探すことができないという点にあります。

以上が不動産仲介会社との契約の種類です。

なお、管理会社と契約すると、ほぼすべて専任媒介での入居者募集となります。つまり、入居付けから入居者管理までの一連の業務に強い管理会社を選べば、マンション経営は安心ということです。

変化する入居者募集方法

賃貸物件の入居者募集方法はインターネットの普及で大きく変わりました。以前は書店やコンビニで住宅情報誌を販売したり、不動産屋の店頭の看板に物件の資料を掲示したりするなどの宣伝活動が中心でした。現在の入居者募集の柱はインターネットです。

不動産仲介会社や管理会社は、自社ホームページやポータルサイトに募集条件や物件写真を掲載して入居希望者を店頭に誘導します。いまや事前に情報収集せずに来店する「飛び込み客」は減少し、インターネット等の反響からの呼び込み客がほとんどなのです。

また、企業社宅のアウトソーシング業務を行っている社宅代行会社や、定期的に異動が見込める企業から借り上げ社宅の依頼を受けて、入居率を高く保っている不動産会社もあります。

いずれにしても、さまざまな入り口から入居付けができている不動産仲介会社や管理会社を選ぶことで、安定した賃貸経営が見込めるということです。

保証会社への加入

入居希望者が物件を選定し、入居審査が承認されたら、契約に進みます。以前は必ず連帯保証人を付けていましたが、現在は連帯保証人の代わりに保証会社に加入する契約が主流です。

理由は主に二つあり、核家族が増えたため連帯保証人として頼れる親族が減少していることと、長期居住となると連帯保証人も高齢化し保証能力に妥当性がない人が多くなることが挙げられます。

保証会社に加入する費用は、契約時に入居者が負担することがほとんどで、その認知度もかなり浸透してきました。保証会社は家賃滞納や原状回復費用負担（一定額）の保証をするため、連帯保証人の代替えとして建物賃貸借契約になくてはならないものになっています。

管理会社の仕事とは

入居者の募集からクレームへの対応まで

賃貸不動産を管理するための仕事は多岐にわたります。入居者を募集して契約を結び、家賃がきちんと支払われているかを確認しなければなりません。さらに、定期的に物件をチェックして、共有部分の電灯が切れていないか、清掃は行き届いているか、劣化しているところはないかなどを確認する必要もあります。ときには、入居者からのクレームが舞い込んでくることもあります。

また、緊急事態や入居者の要望に対応するため、入居者に自宅の電話番号や携帯番号を伝えることもあります。そうなると、いつ電話がかかってくるかも分かりませんし、なかには夜中に電話をかけてくる人もいるでしょう。この対応は簡単ではありません。

保有物件数が少ない間は勉強だと割り切って、オーナー自ら対応する方法もあります。しかし、保有物件数が増えてくるとオーナーだけで管理するのは難しくなります。

また、本業があり、管理の時間をつくるのが困難なサラリーマンオーナーの場合、手間のかかる入居者のフォローなどは管理会社に任せてしまうのがよいでしょう。

管理会社は日ごろから入居者のフォローをしていますので、トラブルの解決法なども心得たプロです。とくにトラブルなどは、その力を借りたほうが解決は早く、入居者の満足度の向上と定着率を高めることにもなります。

また、投資用マンションの場合、物件の開発から販売、購入後の運用サポートまで一貫したサービスを提供している会社もあります。

このような会社の場合、物件を売っておしまいではありません。入居者を募集するところまで責任を持たなければなりませんので、物件の開発の段階から、入居者を意識しています。その分、多くの人に支持される物件を開発することになります。

管理会社の選び方

管理会社にもさまざまなタイプがありますが、入居者の募集から入居者の審査、契約の締結、家賃の徴収、クレームの対応まで、賃貸経営にまつわるすべてを一括で引き受ける管理会社も多くあります。オーナーからしてみれば、すべてを引き受けてくれる管理会社は心強いものです。

しかし、一括で引き受けてもらうとなると、管理会社の良し悪しが不動産投資の成否を決めることになります。それだけに管理会社選びは慎重に進めなければなりません。

管理会社を選ぶ際のポイントはまず、実績が豊富であることです。管理戸数が多く、長年、管理業務を引き受けている会社であれば安心です。さらに、クレームの受付窓口を設置していたり、24時間緊急対応などをしていたりするところであればなお安心です。

入居者の募集を依頼するのであれば、入居付けに強い管理会社であることも重要です。それを見極めるのは簡単ではありませんが、参考になる指標の一つが入居率です。これは、管理している物件のうち、入居者が入っている割合がどの程度かを示すものです。

つまり、入居率が高いということは、入居付けに強いという目安となります。

たとえば、私の会社であるレイシャスの場合、1300戸以上（2020年5月現在）の物件を管理していますが、入居率は98％を上回っています。

これは、入居率が100％と言ってもいいほどの状況です。なぜなら、賃貸物件の場合、入居者の入れ替えがありますから、そのときは原状回復で1～2週間は空室にせざるを得ません。そう考えると、入居率が98％というのは、非常に空室リスクが低いと考えていいでしょう。

ちなみに、入居率は管理会社によって算定方法や基準が違うので注意が必要です。私どもは、賃貸借契約の解約日の翌日から空室としていますが、管理会社によっては原状回復が完了した日や空室になって一定期間後に空室として計上し、計算するところもあります。

もう一つ大事なのは、管理会社のスタンスです。疑問や悩みがあったときに、気軽に相談できる管理会社ならうまくいくはずです。反対に、オーナーの相談に耳を傾けてくれなかったり、要望になかなか対応しようとしない管理会社には注意しましょう。

家賃滞納トラブル

滞納者の対策

家賃の滞納リスクを下げるためには、入居時にオーナーの立場に立って、しっかり審査をしてくれる管理会社を見つけることが重要です。管理会社は入居者を見つけなければ、手数料を受け取れません。自社の利益を優先する管理会社であれば、他の物件では断られるような人でも保証会社や連帯保証人を付けず、審査を通してしまうかもしれないからです。

この点も物件の開発から販売、購入後の運用サポートまで一貫したサービスを提供している会社であれば、心配はありません。

こういった会社は多くの場合、サブリースを提供しています。サブリースとは、管理会社が物件を借り上げて、社宅にしたり、入居者へ転貸する方法です。この場合、オーナーは、入居者がいてもいなくても契約した家賃を受け取ることができます。

管理会社にしてみれば、空室にならないように努力するのはもちろんですが、家賃を滞納するような人を入居させてしまえば、オーナーに保証した家賃が持ち出しになってしまいます。自然と入居者の審査には慎重になります。

仮に滞納者が発生した場合にも、長年にわたってノウハウを蓄積していますので、素早く対応をして解決をします。

サブリースは利用すべき?

空室リスクや家賃滞納リスクを回避できるのがサブリースですが、家賃の一定額を手数料として管理会社に支払う必要があります。それを考えると、利用すべきかどうか迷うこともあるでしょう。

結論をいえば、利用すべきです。とくに初心者の場合には、不動産投資のリスクについて、実感として理解できていない面があります。少しの期間でも空室になったりすれば、心配になるでしょう。不安で本業に支障が出ては本末転倒です。サブリースを利用すれば、そんな心配とは無縁でいられます。

不動産投資に比較的慣れている人でも、サブリースを利用する意味はあります。物件の人気は立地などさまざまな要素で決まりますが、事前に１００％推測するのは不可能です。実際に募集を開始してみると、予想よりも入居者が集まらない可能性もあります。

そんな場合でもサブリースを利用していれば、家賃を確保できます。最初はサブリースを利用して、空室率が高くないことが判明した段階で契約を解除する方法もあります。

原状回復トラブル

退去時に発生するトラブル

不動産賃貸において、入居者と最もトラブルになりやすいのが、退去時の原状回復です。

原状回復とは、室内清掃やリフォームなどを実施して、入居する前の状態に戻すことです。これは、入居者が入れ替わるたびに繰り返されます。では、どのくらいのサイクルで入退去が発生するのでしょうか。

日本賃貸住宅管理協会のデータ（82ページ参照）によると賃貸不動産の入居者の平均居住期間は単身者で2〜4年が60・4％を占めています。2年未満を含めると、69・2

％になります。

つまり、単身者の入居が多いワンルームマンションでは、約７割の入居者が４年以内に退去すると考えておいたほうがよいのです。その度に原状回復を行わなくてはなりません。

原状回復の費用は、誰が負担するか。実際には入居者とオーナーが分担することになります。どこまでを入居者が負担し、どこからをオーナーが負担するのか、その線引きを巡ってトラブルに発展するのです。

原状回復の負担区分

入居者とオーナーの負担区分はルールが決められています。その際のキーワードは、通常損耗、経年変化、善管注意義務違反です。少しややこしい言葉が出てきましたので、分かりやすく説明しましょう。

通常損耗とは、部屋を普通に使用していても発生する傷みです。たとえば、家具を置いたときにできるカーペットの凹みなどがこれにあたります。

経年変化は、年月の経過によって自然に生じる劣化のことです。日光によって徐々に畳や壁紙が変色してしまうことなどが含まれます。

通常損耗と経年変化についてはオーナーが負担するものであり、入居者には負担義務がないとするのが一般的です。

よって入居者が負担しなければならないのは、故意・過失の汚損破損と善管注意義務違反です。善管注意義務違反とは、一般的に要求される程度の注意を怠った場合を意味します。言い換えれば、入居者に重大な不注意があった場合に、それを原状回復する費用は、入居者が負担することになります。

たとえば、壁にできたカビを放置してシミができた場合やトイレや浴室の手入れをせずにカビが発生した場合などが該当します。

このようにルールが決められてはいますが、入居者に重大な不注意があったかどうかを判断するのは難しい面があります。結果、退去時にこの判断を巡ってトラブルが発生しがちなのです。

トラブルを未然に防ぐには、契約時に入居者の負担を明確にしておくことが重要です。管理戸数の多い管理会社であれば、これまでに蓄積された経験をもとにトラブルの起こりにくい契約書を作成しています。

また、契約書に明記することで原状回復費用を、入居者に負担してもらうことが可能なものもあります。代表的なものは部屋のクリーニング代です。契約書の特約事項に「借主は退去時ルームクリーニング代として○円支払うものとする」と記述すればよいのです。

ただ、契約書に明記すれば何でも入居者の負担にできるわけではありません。入居者に費用を負担してもらうためには次の三つの要件を満たすことが必要です。

①特約の必要性に加え暴利的でないなどの客観的、合理的理由が存在すること。
②賃借人が特約によって通常の原状回復義務を超えた修繕等の義務を負うことについて

認識していること。

③賃借人が特約による義務負担の意思表示をしていること。

入居時に敷金を預かっている場合、入居者が負担する原状回復費用は、敷金と清算します。仮に8万円の敷金を預かっていて、原状回復費用が5万円かかれば、差し引き3万円を入居者に返還することになります。

意外と頻繁に発生する入退去。その度に原状回復を行うのは非常に手間がかかります。また、賃借人との原状回復費用負担の判断が難しい面もあります。その点、経験豊富な管理会社にサポートしてもらうことができれば安心です。

入居者間トラブルや事故

騒音、ゴミなどのトラブル

騒音の問題は賃貸住宅で起こりがちなトラブルです。とくに単身者向けの賃貸住宅では、生活時間の違いによって騒音問題に発展する場合があります。周囲が寝静まった深夜に帰ってきてテレビを見たり、入浴したりする入居者の生活音は、隣の部屋や上下の部屋に漏れるものです。

他の入居者からクレームが寄せられたときに対応を間違うと、問題がこじれるリスクがあります。騒音を出す入居者がいる場合、オーナーや管理会社はすぐに対応しなければなりません。

もしもオーナーや管理会社がなにも対策を講じなかった場合には、要望を出した入居者はオーナーに対して損害賠償請求が可能となり、引っ越しするための費用を請求することもあります。

しかし、生活音をまったくゼロにすることはできません。どのくらいを騒音と考えるかは、なかなか難しい問題です。原則をいえば、「隣人の出す生活音が社会生活上、通常受け入れる限度を超えている場合」となります。

これは個人の感じ方にもよるので判定が難しいところですが、参考にできるものとしては、国や自治体が定める「騒音に係る環境基準」があります。

たとえば、東京都が定める基準は次ページの表のようになっています。

ただし、何デシベル以上だから必ず騒音になるという基準はなく、ケースバイケースで判断するしかありません。

賃貸借契約書には、多くの場合、禁止事項に「賃借人は騒音などにより近隣へ迷惑をかけない」や「大音量でテレビ、ステレオなどを操作しない」などの項目が含まれてい

東京都における一般地域の環境基準

（単位：デシベル）

該当地域	地域の区分	時間の区分	
		昼間（6時～22時）	夜間（22時～6時）
第1種低層住居専用地域 第2種低層住居専用地域 第1種中高層住居専用地域 第2種中高層住居専用地域 田園住居地域 これらに接する地先、水面	一般地域	55以下	45以下
	2車線以上の車線を有する道路に面する地域	60以下	55以下
第1種住居地域 第2種住居地域 準住居地域 用途地域に定めのない地域 これらに接する地先、水面	一般地域	55以下	45以下
	2車線以上の車線を有する道路に面する地域	65以下	60以下
近隣商業地域 商業地域 準工業地域 工業地域 これらに接する地先、水面	一般地域	60以下	50以下
	車線を有する道路に面する地域	65以下	60以下

出典）東京都環境局（2020年4月）

ます。

これを運用すれば、近隣からクレームが出たことで契約違反となりますので、注意しても改善が見られなかった場合は、賃貸借契約を解除することはできます。

このような場合、実績のある管理会社であれば、タイミングを逃さず対応をしてくれますが、経験の少ない管理会社の場合、対応を誤りオーナーまでトラブルに巻き込まれることもあるので注意が必要です。

ペットのトラブル

最近はペットを飼うことができる賃貸住宅が人気を集めています。しかし、賃貸住宅でのペット飼育は注意が必要です。ペット飼育が可能なマンションにおいて、管理が行き届いていない場合、ペットによる共用部などの汚れや臭気が気になると、苦情が出ることもあります。また、専有部分の室内であっても、ペットが壁を引っかいたりして部屋の傷みが激しくなるというリスクがあります。

こうしたトラブルを回避するためには、ペット飼育規約を作成し、契約者とペット飼育に関する遵守事項の書類を取り交わしたり、賃貸借契約書にペット飼育の特約を明記したりするようにしましょう。

ペットのトラブル対応にも、管理会社の経験値が大きく関わってきます。

事件・事故の告知義務

入居者が殺されたり、自殺をしたり、孤独死をした場合などは、オーナーにとっては大きなリスクとなります。誰でも、そのような事件・事故があった物件に好んで住みたいとは思わず、多くの場合には、家賃を極端に安くしなければ入居者が現れません。

このような事案があった部屋は「心理的瑕疵《かし》」がある物件と呼びます。その事実は入居者を募集する際や契約の際に伝えなければなりません。伝えないまま契約すれば、重要事項説明義務違反となります。

このようなリスクまで想定すると、管理会社に任せるのが最も安心だといえます。

COLUMN

〈実例編〉
ワンルームマンション投資で成功をつかんだサラリーマン投資家たち
05

不動産投資に興味を持ったきっかけ

税金がかなり気になっていて、ふるさと納税や生命保険控除以外でなにか節税できる方法はないかと思ったことがきっかけです。

マンション経営の話は、本格的に聞いたこともなかったですし、リスクが大きいのではないかと正直疑っていました。

それで「マンション経営でどうやって節税できるのだろう?」と気になり、いろんな会社があるなかで「センチュリー21」の名前を知っていたので足を運んでみようと思い、レイシャスのセミナーに申し込みました。

Sさん

年齢:41歳
職種:会社員
家族構成:独身
年収:770万円
居住形態:賃貸
物件所有数:2戸
ローン残高:5800万円

不動産投資を始めるにあたっての決め手

当初、何社かのお話を聞かせていただきました。

最初は節税目的で興味を持ちましたが、節税以外にも老後対策や保険効果のメリットもあります。

もちろん投資なのでリスクはありますが、ほかの投資商品とも比較してもローリスクで取り組むことが出来ることや、本業をしながらでもできるマンション経営は私にぴったりだと思いました。

そのなかでもレイシャスの担当者は契約に至るまでの細かな連絡、私に寄り添った形で一つひとつ一緒に不安を解消してくれました。

これなら安心して任せられると思いレイシャスでの購入を決意しました。

第6章

〈売却編〉

売却のタイミングがポイント。
築年数の経過した物件を高値で売る極意

物件売却の仕組みとは

買った会社に売るのがいちばん安心

不動産投資は長期で安定した収益を得るのが目的ですから、空室率が低く家賃収入が順調に得られているのであれば、物件を売却する必要はありません。しかし、購入から5年が経過したら、売却も視野に入れながら大家業を営むことをお勧めします。

それは実際に売却をするかどうかは別にして、売却という選択肢を加えることで不動産投資の幅が広がるからです。

不動産投資の場合、売却時の税額は5年で節目を迎えます。売却時の税金については第7章で詳しく紹介しますが、不動産保有期間が5年以下と5年超では売却益にかかる譲渡所得税の税率が大きく変わってきます。

ですから、購入してから少なくとも5年間は家賃収入を確保して、5年を経過した段階で売却についても考えてみましょう。

不動産の売却を検討する際に、まずやるべきことは「いくらで売れるのか」を予測することです。

その方法には主に二つあります。

〈不動産の売却価格を知る方法〉

- **不動産会社に査定をしてもらう**
- **ネットで調べる**

不動産会社に査定をしてもらう場合、どこに依頼をするのかをまず決めなければなりません。不動産会社もさまざまあります。大手デベロッパー系の不動産会社もあれば、地元で長く不動産業を営んでいる不動産会社もあります。

どこの不動産会社でも査定は同じだろうと思いがちですが、そうではありません。病気を治すプロフェッショナルである医師が、すべての病に詳しいわけではないように、不動産会社にも得意分野と不得意分野があり、物件によってもベストな不動産会社は異なるのです。

とくに投資用物件は特別なノウハウや、専門のローン会社との提携が必要であるため、一般的な仲介会社では売却価格が安くなってしまいがちです。物件を購入した業者に相談するのがいちばんお勧めです。

専任媒介と一般媒介

不動産会社をチェックするポイントとして、「宅建業免許番号」があります。これは、不動産会社が宅地建物取引業を行う免許を取得する際に受けた番号です。

どこで免許を受けたかによって「国土交通大臣免許（1）○号」「東京都知事免許（1）

×号」などと表示されています。

免許の交付が国土交通大臣名か都道府県知事名かの違いは、その不動産会社の営業範囲によって決まります。二つ以上の都道府県に支店などを置いて営業をしている場合には、国土交通大臣名の免許になります。

そしてカッコ内の数字は免許の更新回数です。宅建業の免許は有効期限が5年です。(5)となっていれば、その不動産会社はこれまでに免許を5回更新し、25年以上は不動産業を営んでいることになります。

業務上に問題がなく、免許の更新が行われ、事業を長く続けていることは信頼性につながります。それだけ顧客に支持されていることになるからです。免許番号は古いほど一定の信頼ができるといえます。

さて、売却を依頼する不動産会社との契約の種類には、一般媒介、専任媒介、専属専任媒介の3種類があります。これは、入居者を見つける際に不動産会社に依頼する契約方法と同じです。

契約の違いについては第5章で紹介しましたが、それぞれの契約方法には、メリットとデメリットがありますので、依頼する前に十分、検討をしてください。

専任媒介、専属専任媒介は一般媒介のように、売主が複数の不動産会社に依頼することはできないので、他社に契約を奪われることはありません。そのため、不動産会社が一生懸命に営業活動をしてくれることが期待できます。

ただし、依頼した不動産会社の営業力が弱いと、なかなか買手が見つからないというリスクがあります。

かといって、一般媒介で売主が複数の不動産会社に売却を依頼すると、不動産会社も力が入らないかもしれません。

なるべくリスクを回避する一つの方法として、最初は専任媒介で依頼し、なかなか決まらない場合には、一般媒介に切り替えるのもよいでしょう。

値下がりリスクも心配不要

以前は、上昇幅の差はあっても、不動産相場が上昇するときにはどんな物件でもある程度は値上がりし、値下がりするときにはどんな物件でも値下がりしました。

少子高齢化が進み人口が減少する時代には、すべての不動産の価格が上昇したり、下落したりすることはなくなります。とくに今後は、不動産価格の二極化がますます進む可能性が高くなっていきます。人気の地域あるいは人気の物件は価格が上昇しても、そうでない物件は大きく値下がりする可能性が高くなるのです。

しかし、第2章で紹介したように、購入時にしっかり物件を見極め、値下がりリスクの低い物件に投資をすることさえできれば、売却時にも心配はいりません。

COLUMN

〈実例編〉
ワンルームマンション投資で成功をつかんだサラリーマン投資家たち
06

不動産投資に興味を持ったきっかけ

以前から株式や外貨（ＦＸ）などの投資に取り組んでいましたが、仕事の片手間に値動きを気にしながら取引をするのが大変で……。また、あまりセンスがなく、有意義な投資ができていませんでした。

そんなときに昇給したことで、所得税などの税額が増えてしまいました。そこで新たな投資先を探す意味で、同僚が取り組んでいると聞いたことがあった不動産投資に興味を持ちました。

不動産投資を始めるにあたっての決め手

まず、知人が紹介してくれた販売会社から話を聞けたことが大きかったと思います。投資用マンションの販売会社に関しては、会社によく営業電話がかかってくるため、機械的に話して電話を切る相手くらいにし

Yさん

年齢:41歳
職種:大手会社員
家族構成:奥様扶養・子ども2人
年収:2010万円
居住形態:持ち家(ローン無し)
物件所有数:7戸
ローン残高:1億900万円

か思っていませんでした。しっかり話を聞いて内容を理解することはなかったのです。しかし、知人とすでに取引をしている会社なら、ある程度安心かと考えて説明を聞きました。

おもに気になっていたのはリスクの部分で、そこを中心に話を聞きました。ここで、もともと考えていた値下がりよりも、借り手がつかない空室のほうがリスクが大きい、逆に言えば、賃貸ニーズが高い立地にこだわることが、リスク回避には重要だということが理解できました。

その後、個人的にいろいろとシミュレーションをしてみました。その結果、空室リスクさえ低い状態であれば、そのほかのリスクに関しては節税でのリターンでカバーできる、また、中長期に取り組めるので仕事に支障をきたさずに取り組める点が自分に向いている、と思い不動産投資を始めることにしました。

第7章

〈税金編〉

手残りを最大限に確保する
税金・節税の知識

不動産投資にかかる税金

固定資産税と都市計画税

固定資産税、都市計画税は、不動産を所有している人にかかる税金です。毎年、1月1日時点で不動産を所有している人が課税対象となり、不動産の所在地の市町村役場から6月ごろに納付書が送られてきます。

つまり、1月2日以降に不動産を購入すれば、その年の固定資産税や都市計画税はかからないことになりますが、実際は購入時に買主が日割りで負担するのが一般的です。

たとえば、4月1日にワンルームマンションを購入すれば、その年の固定資産税や都市計画税の納付書は前の所有者に送られ、買主は購入時に4月以降の9カ月分を計算して売主に支払うのが通例です。

不動産取得税

土地や家屋などを購入したり、家を新築したり、不動産を取得した場合にかかるのが不動産取得税です。不動産を取得した場合には、30日以内に不動産の所在地の都道府県税事務所に申告をすることになっています。その後、6カ月から1年後に不動産取得税の納税通知書が送られてきます。

通知が来るころになると、不動産取得税のことなどすっかり忘れている場合もあり、「納税資金がない！」ということにならないように、前もって準備しておきましょう。

不動産取得税は、次の式で計算します。

〈不動産取得税の算定〉

不動産の価格（課税標準額）×税率＝納税額

「不動産の価格」とは、実際の購入金額ではなく、固定資産税評価額となります。固定資産税評価額とは文字どおり、固定資産税を算定するときに利用する評価額です。3年に一度評価されて、その金額は固定資産台帳に記載されます。

固定資産台帳は、いつでも市町村役場で閲覧が可能です。東京23区の場合は、23区内の都税事務所で閲覧できます。

固定資産税評価額は公示地価の約7割といわれています。公示地価は実際の取引価格などを参考に決められますが、地域によって取引価格よりも高いところもあれば、安いところもあります。

おおよその金額を把握する意味では、購入した金額の7割程度を固定資産税評価額として、その金額に税率を掛けた金額が不動産取得税と考えてもいいでしょう。

さて、重要なのは税率ですが通常は4%、2021年3月31日までに購入した場合には3%です。

その他の税金

不動産を購入すると、建物に対して消費税がかかります。土地は消費税非課税です。中古の不動産を個人間で購入した場合には、建物にも消費税がかかりません。中古不動産は売主が個人であるケースが多くなっています。

消費税の税率は現在10％ですから、仮に建物部分の価格が1000万円とすれば、納税額は100万円です。これを負担するとなると資金計画にも大きく影響します。

不動産そのもの以外にも、不動産から得られる家賃収入にも税金がかかります。法人が不動産を所有している場合には法人税がかかり、個人が所有している場合には、所得税がかかります。また、所得が増えることによって住民税も増えます（200ページ「確定申告のポイント」参照）。また、不動産を売却し利益が出たときには譲渡所得税、住民税がかかります（194ページ「短期譲渡と長期譲渡」参照）。

節税に使える経費

経費計上することで納税額を圧縮する

家賃収入は確定申告が必要ですが、工夫をすることによって節税も可能です。ここでは、不動産の所有者が個人であることを前提に節税の方法を紹介します。

個人の場合、家賃収入は不動産所得として課税対象となります。所得には10種類あり、不動産所得もその一つです。不動産所得は次の式で計算します。

〈不動産所得の算定〉

家賃収入－必要経費＝不動産所得

納税額は不動産所得が少ないほど低くなります。ここから分かることは、家賃収入が同じであれば、必要経費が多いほど不動産所得を少なくできるということです。

では、必要経費にはなにが認められるのでしょうか。主なものを挙げると次のようになります。

〈不動産収入の必要経費〉

管理費　修繕積立金　修繕費　賃貸管理委託費

借入金利子　減価償却費　損害保険料　税金　その他の必要経費

管理費

管理費は不動産がマンションの場合に管理会社に支払う費用です。管理会社は、この費用でエントランスや廊下など共用部の清掃を行ったり、エレベーターや給排水設備などの保守管理を行ったりします。

修繕積立金

修繕積立金は、第1章でも説明したように、将来の修繕に向けて積み立てられるお金です。これも経費にできます。

修繕費

修繕積立金はマンションの共用部の修繕に使われる費用ですが、修繕費は専有部分、つまり、個人の所有する部分の修繕にかかる費用です。

たとえば、エアコンや照明器具を取り換えたときの費用は修繕費になります。また、入居者の入れ替えのときに壁紙の張り替えやクリーニングを実施すれば、その費用も修繕費として経費にできます。

修繕費が不動産の原状を回復するための支出であれば、全額を支払った年の経費にできますが、不動産の価値を上げるための修繕の場合には、その費用は利用可能な期間に分割して経費にします。

賃貸管理委託費

賃貸管理委託費は、入居者の募集や家賃の集金、入居者への対応などを委託するために管理会社に支払う費用です。

借入金利子

ローンを利用して不動産を購入した場合には、ローンの利子も経費にできます。毎月の返済額は、元本部分と利息部分が含まれていますが、このうち経費にできるものは利息部分のみです。元本部分は経費にできません。

また、不動産収入が赤字の場合には、ローンの利子であっても、全額を経費に計上できません。計上できるのは建物部分のみです。土地の利息部分は経費計上できませんので、注意が必要です。

減価償却費

減価償却費は、不動産の価値が減少した分を経費として計上できるものです。建物は新築から年数が経つにつれて徐々に劣化して価値が下がっていきますが、その価値が下がった分を経費として計上できるのです。これは、建物の耐用年数をもとに計算します（189ページ「減価償却の仕組み」参照）。

損害保険料

火災保険や地震保険の保険料も経費にできます。ただし、長期の保険に加入し、保険料を一括払いにした場合でも、その年の経費にできるのは、その年に該当する保険料のみです。

固定資産税と都市計画税

178ページで説明した固定資産税や都市計画税も経費計上が可能です。

その他の必要経費として認められるものには次のようなものがあります。

交通費

物件の管理や不動産会社との打ち合わせなどで必要になった交通費。新たに投資をする際に地方の不動産を見学に行った場合には、そのときの交通費も対象となります。

新聞図書費

不動産経営や確定申告などに関する知識を得るために購入した書籍、雑誌、新聞の代金を計上できます。

通信費

不動産の管理のために管理会社などと連絡を取る際の電話代、インターネット回線料などの通信費です。

経費として認められるのは、不動産投資に関わる経費のみです。たとえば、携帯電話も経費として認められますが、原則は管理会社などとの連絡のために利用した分です。個人で利用した分は経費にできません。

一方で必要経費として認められないものには次のようなものがあります。

〈不動産収入の必要経費として認められないもの〉

自宅部分の修繕費や損害保険料　不動産の売却損

自宅に賃貸物件を併設しているような場合には、同時期に修繕などをするケースもあるでしょう。まとめて実施したほうが価格は安くなることがあります。しかし、その費用を全額、不動産所得の経費にすることはできません。経費にできるのは、あくまでも賃貸部分のみです。また、不動産を売却して損失が出た場合にも、その赤字を不動産所得の経費にすることはできません。

減価償却の仕組み

減価償却とは

建物は永遠に利用できるわけではありません。年数が経過するにしたがって徐々に劣化して、いずれは建て替えが必要になります。建物の価値が徐々に下がる分を経費として計上できるのが減価償却費です。

不動産投資の経費のなかでも多くの金額を占めるのが減価償却費ですから、しっかりと仕組みを理解しておきましょう。

減価償却費は建物の耐用年数によって計算します。耐用年数は「どのくらい利用できるか」という目安ですが、税法上、決められた年数があります。

建物の場合には、構造によって耐用年数が決まっています。

〈建物の耐用年数〉

・木造＝22年

・モルタル＝20年

・鉄骨、鉄筋コンクリート造＝47年

・レンガ造、石造、ブロック造＝38年

マンションの場合は、通常「鉄骨、鉄筋コンクリート造」に該当するので、耐用年数は47年です。新築の段階から47年をかけて徐々に価値がゼロに近づいていくと仮定して、価値が減った分を経費として計上していきます。

法定耐用年数と償却期間

1年間に経費にできる比率を償却率といいます。耐用年数が47年の場合は0・022です。家賃収入の所得税を計算する際には、この金額を経費として計上します。

〈建物の金額が1000万円のマンションの減価償却費〉
1000万円×0・022＝22万円

減価償却と耐用年数について、おおよそご理解いただけたと思いますが、これは新築の不動産の場合です。中古の不動産を購入した場合には、減価償却の金額を決める仕組みが少し異なります。

中古不動産の建物の耐用年数は次の式で計算します。

耐用年数と償却率

耐用年数	償却率	耐用年数	償却率	耐用年数	償却率
2年	0.5	22年	0.046	42年	0.024
3年	0.334	23年	0.044	43年	0.024
4年	0.25	24年	0.042	44年	0.023
5年	0.2	25年	0.04	45年	0.023
6年	0.167	26年	0.039	46年	0.022
7年	0.143	27年	0.038	47年	0.022
8年	0.125	28年	0.036	48年	0.021
9年	0.112	29年	0.035	49年	0.021
10年	0.1	30年	0.034	50年	0.02
11年	0.091	31年	0.033	51年	0.02
12年	0.084	32年	0.032	52年	0.02
13年	0.077	33年	0.031	53年	0.019
14年	0.072	34年	0.03	54年	0.019
15年	0.067	35年	0.029	55年	0.019
16年	0.063	36年	0.028	56年	0.018
17年	0.059	37年	0.028	57年	0.018
18年	0.056	38年	0.027	58年	0.018
19年	0.053	39年	0.026	59年	0.017
20年	0.05	40年	0.025	60年	0.017
21年	0.048	41年	0.025		

出典）国税庁

〈中古不動産の耐用年数〉※新築時の耐用年数が47年の場合（端数切り捨て）

耐用年数－（経過年数×0・8年）＝残存耐用年数

たとえば、築10年の中古マンションの場合、47年－（10年×0・8）で39年となります。耐用年数が39年の場合、償却率は0・026ですから、この不動産の建物価格が1000万円とすると、減価償却費の額は26万円です。

一方で築年数が耐用年数を超えている場合には、次のように計算します。

〈築年数が耐用年数を超えている中古不動産の耐用年数〉

耐用年数×20％＝残存耐用年数

同じ不動産の例で耐用年数を計算すると、47年×20％で9年となります。償却率は、0・112ですから減価償却費は、1000万円×0・112＝112万円です。

短期譲渡と長期譲渡

5年超の保有で長期になる

不動産を売却する際、利益が出ると譲渡所得税がかかります。税額の計算方法は、不動産を所有していた期間によって次のようになっています。

〈不動産の所有期間と課税との関係〉

・5年以下＝短期譲渡所得
・5年超＝長期譲渡所得

所有期間は毎年1月1日の時点で判定します。この時点で5年以下であれば、約40％の税金が、５年超であれば約20％の税金がかかります。５年を区切りとしてこれだけ税金が異なるのですから、売却をするのであれば、５年超の保有をしたほうが断然有利といえます。

マイホームを売却した際には、さらに所有期間が10年を超えていると軽減税率が使えるなどの特典がありますが、投資用の不動産にはありません。

短期と長期の税額の違い

短期譲渡所得と長期譲渡所得で納税額がどのくらい違うのかを見てみましょう。税額を計算するにはまず、次の式で譲渡所得を計算します。

〈譲渡所得の算定方法〉

譲渡した価格－（取得費＋譲渡費用）＝譲渡所得

不動産を売却したときの譲渡益にかかる税率

区分	期間	税率
短期譲渡所得	5年以下	39.63% （所得税30.63%、住民税９%）
長期譲渡所得	5年超	20.315% （所得税15.315%、住民税５%）

売却した価格から取得費と譲渡費用を差し引いたものが譲渡所得になります。取得費とは、基本的に不動産を購入したときの代金です。ただし、減価償却のところで説明したとおり、建物の購入代金からは減価償却費として経費計上した分を差し引きます。また、購入時に不動産会社などに支払った手数料も取得費に含めることができます。

譲渡費用は、売却するときに不動産会社に支払った手数料や、入居者に立ち退きをしてもらった場合の立退料も含まれます。

仮に2000万円で購入した不動産が2500万円で売却できたとします。取得費が2100万円、譲渡費用が100万円だったとします。このときの譲渡所得は、2500万円－(2100万円＋100万円)で300万円となります。

この不動産の所有期間が5年以下であれば、税額は300万円×39・63％で約119万円となります。

一方で不動産の所有期間が5年超であれば、税額は300万円×20・315％で約61万円となり、税額にほぼ2倍の開きがあります。不動産は少なくとも5年超は保有するつもりで投資をしたほうが有利といえます。

なお、不動産の譲渡所得税は、給与など他の所得とは別に計算をする分離課税となっています。給与所得が高い人でも譲渡所得によって給与所得の税金が増えてしまうことはありません。

相続時の節税効果

現金より圧倒的に低い財産評価

不動産は相続時にも節税効果を発揮します。相続税を計算する際には、まず相続税評価額を計算します。相続税評価額の計算方法は財産の種類によって決まっており、たとえば、預貯金の場合には「残高×１００％」が相続税評価額となります。言い換えれば、預貯金で保有している資産は、まったく節税効果がないことを意味します。

では、不動産はどうなるのか。建物と土地は別々に計算をします。建物は固定資産税評価額で計算しますが、これは時価のおおよそ60～70％といわれています。さらに賃貸用の不動産は居住用と比較して20～30％の評価を下げることができます。

土地は所在地が市街地かそれ以外かによって評価方法が異なります。たとえば、ワンルームマンションであれば、ほとんどが市街地になると思われます。その場合には、路線価を使って計算します。路線価は国税庁が道路ごとに決めた評価額です。路線価は時価の70～80％程度といわれています。

この路線価に面積を掛けて土地の相続税評価額を計算しますが、土地の形などによって評価減を受けることができます。

また、土地の場合も居住用（自用地）と賃貸用（貸宅地）では評価が異なります。賃貸用の場合は居住用と比べて20～30％は評価が低くなります。

つまり、投資用不動産を相続する場合、まず、不動産としての評価減を、さらに賃貸用であることでダブルの評価減を受けられることになります。結果として、支払うべき相続税が少なくなるのです。

確定申告のポイント

青色申告と白色申告

不動産所得がある場合には確定申告が必要です。申告の方法には青色申告と白色申告があります。主な違いをまとめると、次ページの表のようになります。

簡単にいえば、青色申告は白色申告よりも経費や控除の面で優遇されている代わりに、しっかりと帳簿をつける必要があります。

国税庁からしてみれば、帳簿をしっかりと記帳してくれたほうが収入を把握しやすくなります。できるだけ多くの人に青色申告を利用してもらうために、納税者が有利になる特典を用意しているのです。

青色申告と白色申告の違い

	青色申告の場合	白色申告の場合
青色申告特別控除	10万円または最高65万円の控除あり	なし
専従者給与	原則として全額必要経費になる	専従者1人あたり最高50万円(配偶者は86万円)まで
純損失の繰越控除	翌年以降3年間の繰越控除が可能	変動所得または被災事業用資産の損失に限り繰越控除が可能
減価償却費	30万円未満の備品は一括経費計上ができる	通常の減価償却のみ
引当金	貸倒引当金等の一定の引当額を必要経費に算入可能	なし

ただし、どんな所得でも青色申告が利用できるわけではありません。

そもそも所得には①事業所得、②不動産所得、③山林所得、④給与所得、⑤譲渡所得、⑥一時所得、⑦退職所得、⑧利子所得、⑨配当所得、⑩雑所得の10種類があります。このうち青色申告が可能なのは、①事業所得、②不動産所得、③山林所得の三つの所得です。

つまり、青色申告は不動産

所得ならではのメリットともいえるのです。

不動産所得に限りませんが、税金を計算するにはまず、収入から必要経費を差し引きます。この金額からさらに控除を差し引いた金額が課税対象となります。

青色申告を選択すると、青色申告特別控除を利用できます。青色申告特別控除には、65万円と10万円があります。不動産所得の場合は10万円ですが、〝事業的な規模〟と認められた場合には65万円の控除が利用できます。

事業的な規模とは①マンションの場合は、独立した部屋が10室以上あること、②一戸建ての場合は、5棟以上であること、となっています。また、事業的規模であれば青色事業専従者給与が認められますが、そうでない場合は認められません。

サラリーマンの場合でも、マンション経営で不動産所得がある場合などは、青色申告をすることができます。また、すでにリタイアして年金生活をしている場合には、年金の収入は雑所得になるので青色申告はできませんが、マンション経営などで不動産所得があれば青色申告が可能です。

税金の計算の仕方

■白色申告の場合
申告の手間は少ないが、特別控除もなし

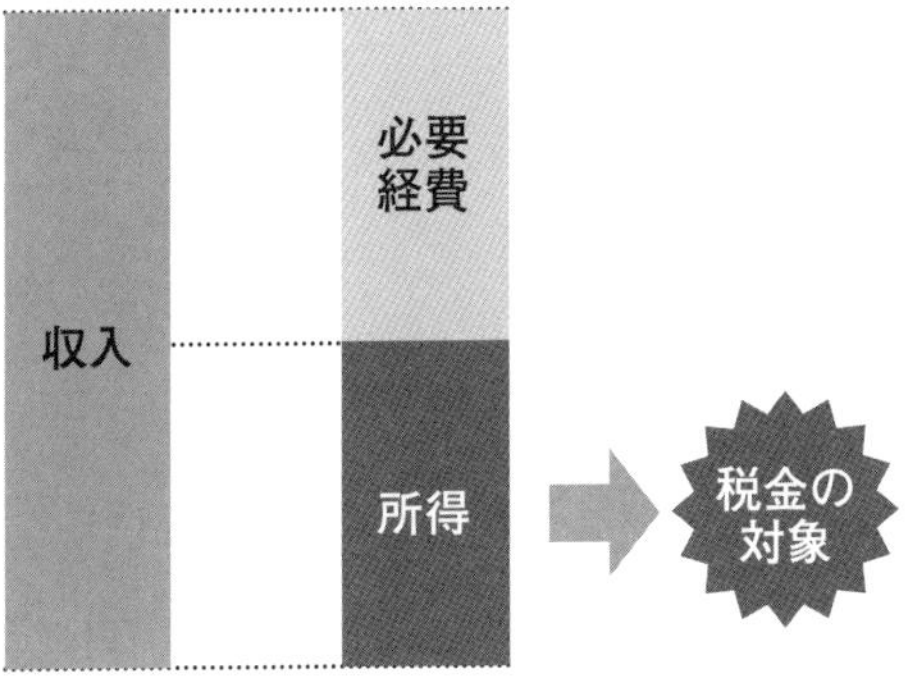

■青色申告の場合
申告に手間はかかるが、特別控除あり

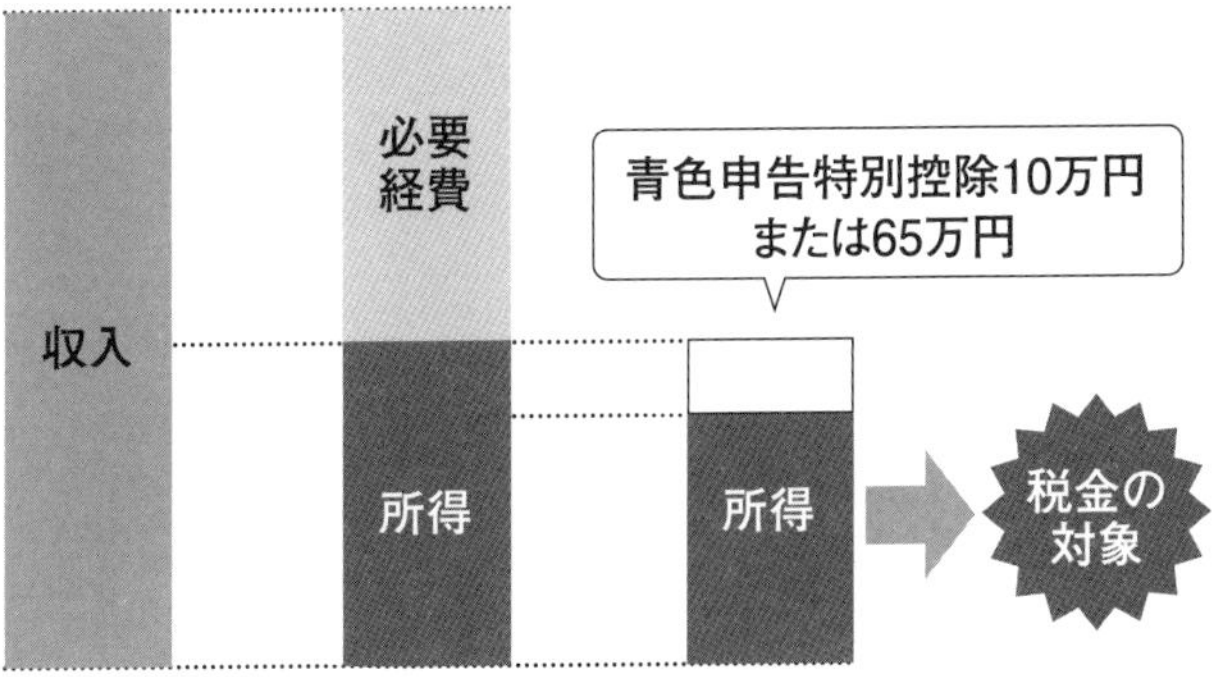

申告に必要な書類と手続き

青色申告を選択するには、事前に手続きが必要です。書類の提出期限に遅れてしまうと、その年は青色申告が利用できません。具体的には、申告する年の3月15日までに①所得税の青色申告承認申請書、②個人事業の開廃業等届出書、③青色専従者給与に関する届出書などを提出しておく必要があります。

赤字の場合は給与所得と相殺できる

不動産所得が赤字になった場合には、給与所得など他の所得と損益通算（相殺）できます。ただし、経費の部分で一部制約があります。黒字の場合にはローンの利息は全額経費にできますが、赤字の場合には土地部分の利息を除いた赤字が損益通算の対象となります。

たとえば、不動産所得の赤字が２００万円の場合で、そのうちローンの利息が

青色申告をスタートするための主な提出書類

提出書類	提出期限
所得税の青色申告承認申請書	新規開業の場合は、開業から２カ月以内。１月１～15日に開業の場合は、その年の３月15日まで。白色から青色に変更する場合には、その年の３月15日まで
個人事業の開廃業等届出書	新規開業の場合は開業から１カ月以内。白色から青色への変更時に提出してもOK
青色専従者給与に関する届出書	家族が仕事を手伝う場合に提出。家族が働き始めてから２カ月以内。白色から青色へ変更する場合には、その年の３月15日まで
給与支払事務所等の開設届出書	初めて従業員（家族を含む）を雇うときに提出。従業員を雇ってから１カ月以内
源泉所得税納期の特例の承認に関する申請書	原則、毎月納税が必要な従業員の源泉所得税を年２回にする場合に提出。提出した翌月の給与分から適用できる

１４０万円だったとします。

ローンの利息の内訳が建物部分＝80万円、土地部分＝60万円とすると、２００万円－60万円で赤字のうち１４０万円が損益通算の対象となります。

不動産所得が赤字の場合、確定申告すると、所得税の還付、住民税の軽減ができます。

COLUMN

〈実例編〉 ワンルームマンション投資で成功をつかんだサラリーマン投資家たち 07

不動産投資に興味を持ったきっかけ

実家が賃貸マンションとアパートを所有していて、毎月のインカムゲインの安定性はある程度理解していました。そのため以前から不動産投資に興味はありました。ただ、自分から積極的に物件を探すことはしていませんでした。

そのような状態でレイシャスさんから営業の電話をいただき、ローンを利用する際は必ず団体信用生命保険へ加入することを知りました。実は30歳を過ぎても生命保険には入っていませんでした。結婚を間近に控え、さすがにそろそろ生命保険について検討しなければ、という気持ちになったのがきっかけです。

Kさん

年齢：32歳
職種：会社員
家族構成：既婚（共働き）
年収：700万円
居住形態：賃貸
物件所有数：2戸
ローン残高：5400万円

不動産投資を始めるにあたっての決め手

提案されたマンションローンの団体信用生命保険を調べてみたら、保障内容の割に持ち出しが少額でした。生命保険として考えれば安いなと感じたのです。それで、なんとなく考えていたマンション購入が、一気に現実味を増しました。

また、物件の立地も駅から近く、値下がりや空室リスクも高くないだろうと思いました。そのうえ、管理はすべてレイシャスさんがやってくれるというので、特段今の生活に負担になることもないなと思い、購入を決めました。

おわりに

まずは本書を手にとり、最後までお読みいただいたことにお礼申し上げます。

私は不動産業界に20年間携わってきました。営業マン時代を経て、現在は、デベロッパーとして物件開発から管理までを手がける不動産会社を経営しています。


そのなかで、よく「不動産投資は不動産会社が儲かるだけでしょ」「良いものだったら人には勧めないでしょう」とのお声をいただきます。

たしかに、私たち不動産会社は自社の売上のために投資を勧めているということは否定しません。慈善活動でもない限り、およそ世の中のすべての事業は、利益を生むことを目的としています。ただ、自分たちだけが儲かればいいという考え方では、事業を長く続けることはできないでしょう。当然、お客様にも何らかの形での利益を提供しなければなりません。

その利益とは、本書でも述べてきたとおり、物件を売却して得られるキャピタルゲインだけではなく、「私設年金代わり」になること、「生命保険代わり」になることなど、人によってさまざまです。また、不動産を保有していることで得られる安心やステイタスといった、数字で表すことのできない利益もあるかと思います。

また、私たちが投資のサポートをしているオーナーさんには、サラリーマンや公務員、医師などいろいろな職業の方がいます。一人ひとり、投資の目的は異なりますが、共通しているのは、彼らは投資のプロではなく、不動産投資を本業としているわけではないということです。

そのような方々に、不動産投資の基本をお伝えしたいと思い、本書を執筆しました。

オーナーの皆さんは、初めて物件を購入されてから10年、20年の時を経て定年を迎える際、繰り上げ返済や物件の売却の相談にいらっしゃいます。どの方も、「キャピタルゲインを得る」「年金代わりにする」「生命保険代わりにする」といった目的を達成しつつ、ご提案当時のシミュレーションに近い形で運用ができています。

とはいえ、不動産投資はあくまで投資ですから、運用実績が予定を下回ってしまう可能性はもちろんあります。だからこそ、できる限りそのようなことが起こらないようにサポートさせていただくのが、私たちの使命だと考えています。

良い時も悪い時もしっかりとオーナーの皆さんに寄り添い、不動産を長期間、じっくりと運用していく――それこそ、オーナーさんが〝不動産を所有していることを忘れてしまうくらい〟安定的な運用ができるよう、私たちも精進してまいります。

まずは本書をきっかけに、不動産投資に関心をお持ちいただければ嬉しく思います。

最後までお読みくださいまして誠にありがとうございました。

住吉秀一（すみよし　ひでかず）

株式会社レイシャス代表取締役。

不動産会社にて支店長、営業本部長執行役員を歴任し、同社を株式上場へ導く。2011年に株式会社レイシャスを設立。タックスプラン、リタイアメントプランを絡めた不動産コンサルティングに定評がある。AFP、宅地建物取引士。自身も投資不動産を所有している。

本書についての
ご意見・ご感想はコチラ

決定版！
たった90分で人生が変わる
ワンルームマンション投資入門 改訂版

2020年7月12日　第1刷発行

著者　住吉秀一

発行人　久保田貴幸

発行元　株式会社 幻冬舎メディアコンサルティング
〒151-0051　東京都渋谷区千駄ヶ谷4-9-7
電話03-5411-6440（編集）

発売元　株式会社 幻冬舎
〒151-0051　東京都渋谷区千駄ヶ谷4-9-7
電話03-5411-6222（営業）

印刷・製本　瞬報社写真印刷株式会社

検印廃止

ISBN 978-4-344-93067-4　C0033

幻冬舎メディアコンサルティングHP
http://www.gentosha-mc.com/